大切なうつわを直したい

# 金《きん》繕《つくろ》いの本

# 序文

金繕いが流行している。私が初めて『金繕い工房』を出版した18年前には「金繕い」という言葉や技術を知る者は、ごく少数の骨董収集家か茶の湯の数寄者に限られていた。今や「金継ぎ」「金繕い」は知識人の常識であり、メディアでも人気の話題としてよく取り上げられている。

漆の樹液は、塗料としてのみでなく接着力も強く、蜂の巣作りの際に枝から下がる細い部分に使用することが観察されている。縄文時代の人々がその特性に気づかないはずはなく、破損した土器の接着や水漏れ防止に漆を用いたことは当然のことであった。修復に漆を用いる歴史は古代にさかのぼるが、「金繕い」と呼ばれる日本独自の漆芸《しつげい》が成立するのは室町時代である。その後、建築書院造りという正式な空間が決定され、この時代に日本文化の根幹が確立する。その後、建築物を含め室礼などの御道具類が決まるのである。こうして、茶道などの流儀が成立していったのである。

初期の茶道は、現代の侘《わ》び茶とは違い、ほとんどの道具類が「渡りもの」と呼ばれる舶載品《はくさいひん》であった。希少で高価な道具類は破損しても替えはない。戦国時代という時世の荒波も「名物」たちに試練を与えた。「金繕い」という補修の技術が日本の文化まで高められたのは、歴史の中での人々の知恵であった。「毒味」の検知が「銀繕い」で得られるという相乗効果も重要な要素であった。

現代の日本では、必要とは思えないほどの物質が隆盛を極めている。しかし、それでもなお「金繕い」に興味が持たれているのは、いま流行の「もったいない」や「リサイクル」とは違う、日本独自の器物を慈《いつく》しむ心であるに違いない。この本は、私の薫陶《くんとう》をうけた白鳥由加利氏が伝統的な「金繕い」の基本を、解りやすく図解して著している。さらに、筆の洗い方から道具のかたづけ方まで、まったく初めての「金繕い」にも丁寧に指導している。より多くの人が、修復の技術としての「金繕い」だけでなく、日本人の心の文化として、「金繕い」を習得してくれることを願っている。

原一菜

大切なうつわを直したい

# 金繕いの本

## CONTENTS

## 三《み》島《しま》唐《から》津《つ》茶《ちゃ》碗《わん》

口縁が割れた抹茶茶碗です。糊うるしで接着後、欠損を絵漆で埋めて銀丸粉で仕上げました。口径 14.2 ×高さ 6.8cm。(56 ページ参照)

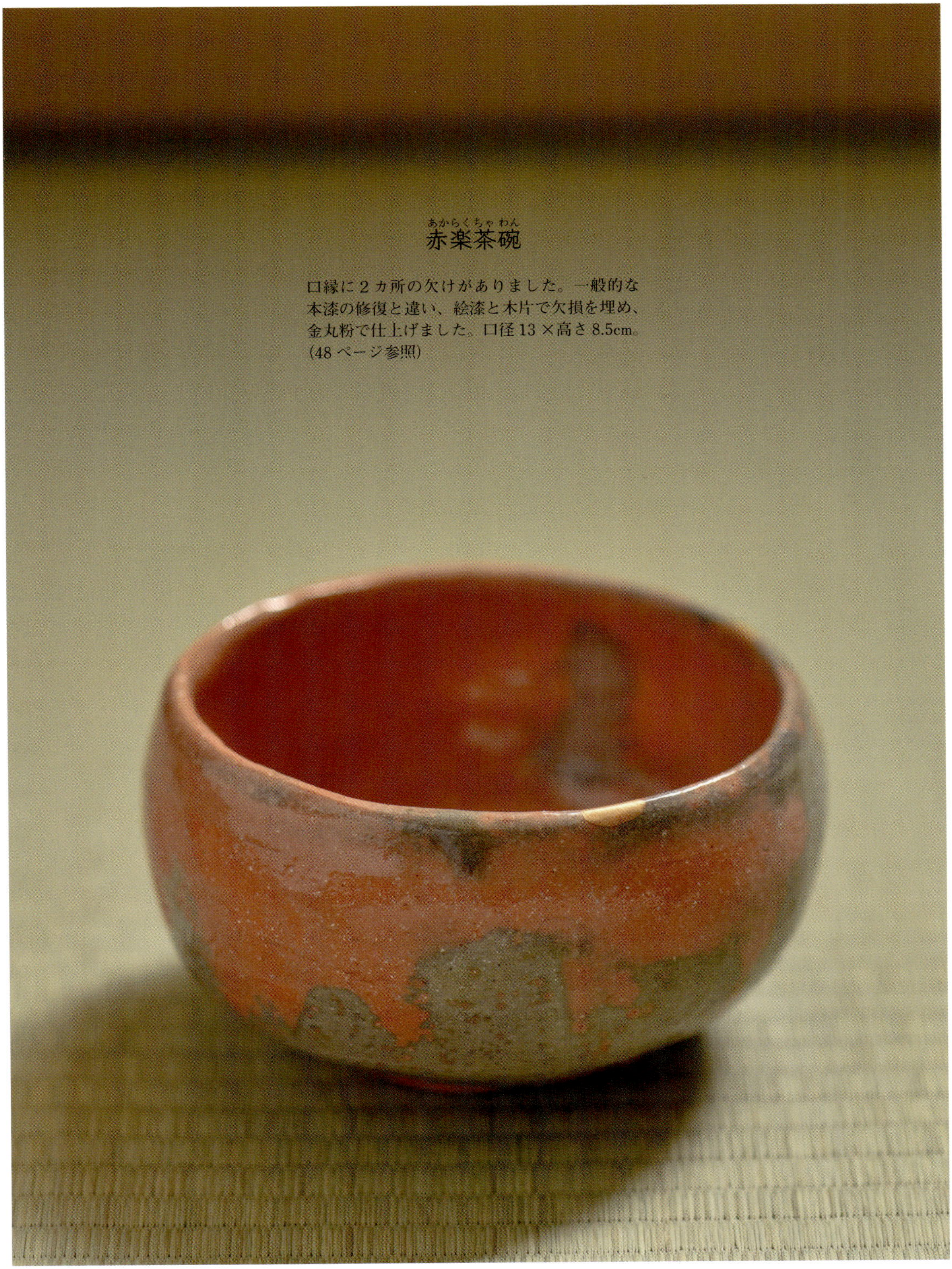

## 赤《あか》楽《らく》茶《ちゃ》碗《わん》

口縁に2カ所の欠けがありました。一般的な本漆の修復と違い、絵漆と木片で欠損を埋め、金丸粉で仕上げました。口径13×高さ8.5cm。(48ページ参照)

## 鉄《てつ》釉《ゆう》縞《しのぎ》文《もん》後《うしろ》手《で》急《きゅう》須《す》

注ぎ口の先端のほつれを弁柄漆で塗り重ね、堅固な下地を作りました。金泥で仕上げ、実用性と美しさを兼備えた繕いです。胴径7×9cm　全長14cm（注ぎ口から取手まで含む）。

(30ページ参照)

## 染付蕎麦猪口

にゅう、ひびとも、新うるしをしみ込ませて、ひび止めを行います。重症のひびは金を蒔いて仕上げますが、にゅうは削り出しだけで完成します。左／口径 7.4 ×高さ 6.4cm、右／口径 7.2 ×高さ 5.8cm。(34 ページ参照)

## 小皿の呼び継ぎ

本体とは違う破片を入れて修復することを呼び継ぎといい、日本人の感性から生まれた技法です。破片の合わせ方も見所の一つです。口径 11.7 ×高さ 2.5cm。(74 ページ参照)

## 焼締《やきしめ》長方《ちょうほう》皿《ざら》

焼成中のアクシデントで発生した窯キズです。キズ跡を賞玩《しょうがん》するように低く埋め、焼締と相性が良い金泥で仕上げました。縦 12.7 ×横 35.7 ×高さ 3.3cm。(67 ページ参照)

## 萩焼飯茶碗（右ページ）

５つの破片に分かれた割れです。萩焼は下準備をしっかり行ってから接着することが重要です。欠損を埋めて、銀泥で仕上げました。口径 12.3 ×高さ 6.2cm。(39 ページ参照)

## ティーカップ

ハンドルが折れたティーカップです。ハンドルの華奢な印象は保持しつつ竹で補強し、安全性を重視しました。口径9.5×高さ5.2cm 全長12cm（カップからハンドルまで）。(64ページ参照)

## テレジアンタールのシャンパングラス

グラス脚の接着は、実用の強度を考えて金箔を使いながら補強を入れます。装飾の金彩と合わせ、違和感のない仕上がりにしました。口径10.3×高さ11cm。(80ページ参照)

## ロイヤルコペンハーゲンのスープ皿

重症のひびなので生漆をしみ込ませた後、絵漆を塗り重ねて埋めました。金丸粉で仕上げ、口縁の金彩と合わせました。口径 25.2 ×高さ 3.5cm。(52 ページ参照)

## 吹きガラスのグラス

修復には金箔を活用しました。ガラスの色と金箔の相性が良く、美しい仕上がりになりました。口径 7 ×高さ 11cm。(77 ページ参照)

## 竹《たけ》蒔《まき》絵《え》皿《ざら》・柳《やなぎ》蒔《まき》絵《え》片口《かたくち》

２つに割れた皿とひびが入った片口です。それぞれのキズを生かし、竹と柳を金泥で蒔絵しています。装飾的な金繕いです。左／口径19.5×高さ2.5cm、右／口径９×高さ11.2cm全長11.2cm（注ぎ口から本体まで）。素材は２点とも陶器。

## 貝合わせ

金繕いの技術を応用した貝作品です。完成品は香合や食器として使うほか、絵を描く、あるいは雛飾りに添えることもできます。縦5.8×横8×高さ3.5cm。(84ページ参照)

## 藤《ふじ》蒔絵《まきえ》デミタスカップ

２つに割れたカップです。内側を和紙で補強し金箔で仕上げ、外側は接合の線上に藤を蒔絵しました。硫化した銀箔の光彩が見所です。口径5.7×高さ5.2cm　全長7.8cm（カップからハンドルまで）。

## 葡萄《ぶどう》葉《ば》蒔絵《まきえ》ティーカップ

口縁の欠けをカップの柄を含めて大きく銀泥で蒔絵しました。カップの内側にも蒔絵を施すことで修復部分が装飾的に生まれ変わります。口径8.8×高さ６cm　全長11.8cm（カップからハンドルまで）。

## 神酒《みき》徳利《どっくり》

大きな欠損は木片を用いて繕います。注ぎ口として貫通孔も作っています。柄を再現した銀箔は硫化すると元の蛸唐草文様になじみます。胴径 6.5 ×高さ 15.5cm。。(70 ページ参照)

第１章

# 素材の検証

金繕いを始めるには材料に何を使うか、
補修したい器や欠損はどのような状態なのかを診断し、
必要な下準備を行うことが大切です。
この工程をおろそかにすると、
作業の良し悪しだけでなく、完成度にも影響します。
第１章では、作業を始める前の重要な工程を説明します。

# 磁器と陶器の違い

器は種類によって材質が異なるため、金繕いに使う材料や道具、技法も変わります。修復前に、欠損した器の材質の分類と性質の違いを知っておきましょう。特に、陶器は素地の吸水性が高く、下準備が必要な場合があるので注意しましょう。

| | 陶器 | | 磁器 |
|---|---|---|---|
| | 焼締 | 施《せ》釉《ゆう》 | |
| 原料 | 陶土（粘土） | 陶土（粘土） | 陶石を粉砕した石粉 |
| 色（高台裏） | 土の種類によって多種多様 | 土の種類によって多種多様 | 白色系 |
| 素地 | 土質が粗く、多孔質 | 土質が粗く、多孔質 | 材質が緻密で、気孔が少ない。硬く焼き締まっている |
| 音 | 濁音、低い音 | 濁音、低い音 | 金属的な澄んだ高い音 |
| 吸水性 | *多孔質なので水が浸透する | *多孔質なので水が浸透する | ほとんど水を通さない |
| 透明度 | なし（光は通さない） | なし（光は通さない） | あり（光が透ける） |
| 産地 | 備前焼（岡山）、信楽焼（滋賀）、伊賀焼（三重）、丹波立杭焼（兵庫） | 楽焼（京都）、萩焼（山口）、美濃焼（岐阜）、唐津焼（佐賀） | 有田焼（佐賀）、九谷焼（石川、）砥部焼（愛媛）、波佐見焼（長崎） |

*目止めが必要な器があるので要注意（24 ページ参照）

# 修復の手順

修復箇所の欠損状態を見極めたら、作業工程が決まります。全体の流れを把握してから、作業に着手しましょう。

| 工程 | | ガラス | 割れ | にゅう・ひび | ほつれ・欠け |
|---|---|---|---|---|---|
| | |  | 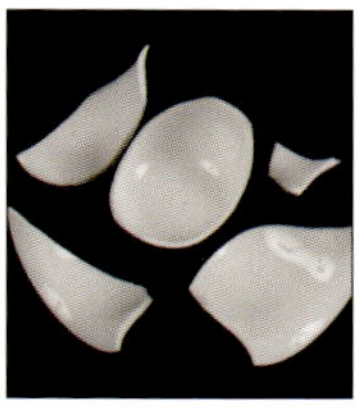 |  | 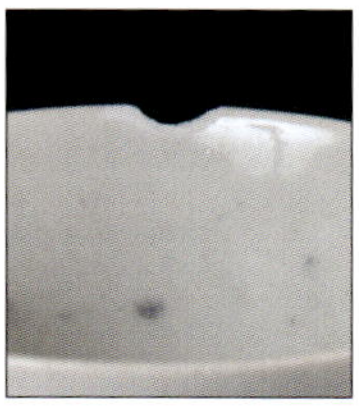 |
| 下準備 | 新うるし | 断面を荒らす | ①接着剤はがし<br>②目止め(陶器) | ①漂白<br>②目止め(陶器)<br>③マスキング(陶器) | ①目止め(陶器)<br>②マスキング(陶器) |
| 下準備 | 本漆 | | ①接着剤はがし<br>②目止め(陶器) | ①漂白<br>②目止め(陶器)<br>③マスキング(陶器) | ①目止め(陶器)<br>②マスキング(陶器) |
| 接合 | 新うるし | 金箔貼りの上、接着 | ①ひびがある場合<br>は先にひび止め<br>②接着 | ひび止め | ひびがある場合は<br>先にひび止め |
| 接合 | 本漆 | | ①ひびがある場合<br>は先にひび止め<br>②接着 | ひび止め | ひびがある場合は<br>先にひび止め |
| 埋め | 新うるし | 金箔埋め込み<br>木片入れ | 溝が深い場合は<br>埋め<br>(弁柄漆重ね塗り) | 溝が深い場合は<br>埋め<br>(弁柄漆重ね塗り) | 弁柄漆重ね塗り<br>木片入れ |
| 埋め | 本漆 | | 溝が深い場合は<br>埋め<br>(絵漆重ね塗り) | 溝が深い場合は<br>埋め<br>(絵漆重ね塗り) | 絵漆重ね塗り<br>木片入れ |
| 仕上げ | 新うるし | 金・銀箔貼り | 金・銀泥蒔き放ち | 金・銀泥蒔き放ち | 金・銀泥蒔き放ち |
| 仕上げ | 本漆 | | 金・銀粉蒔き<br>粉固め<br>鯛牙磨き | 金・銀粉蒔き<br>粉固め<br>鯛牙磨き | 金・銀粉蒔き<br>粉固め<br>鯛牙磨き |

# 欠損部分の見極め方

補修する箇所の欠損状態を大まかに分類し、状態によって漆の種類、素材、技術を判別します。傷の状態を知ることで、それぞれの器に合った繕い方を選ぶことが大切です。

## ほつれ

小さな欠けのことで、口縁・高台周辺に多く見られます。特殊な場合を除いて、弁柄漆のみで充填して繕うことができます。

## 欠け

大きく割れた欠損部分を指します。破片のない場合は、木片などを用いて埋めます。

## にゅう

微細なひび割れのことで、表面には大きな凸凹は表れません。「ほつれ」や「欠け」から伸びていることもあります。見分け方は爪が引っかからないことです。漂白をして汚れを落とすことをお勧めします。

## ひび割れ

割れ口の大きなひびで「ほつれ」や「欠け」から続く場合や、窯キズによるものがあります。軽症の「にゅう」とは違い、後に割れの原因となる重大な欠損の場合もあり、見極めが肝心です。金・銀を蒔いて仕上げるため、漂白は必要ありません。

## 割れ

器が割れ、破片がすべて揃っている状態を指します。これを「共継ぎ」といいます。破片が一部足りない場合は「欠け」と同様に木片などを用いて埋めます。

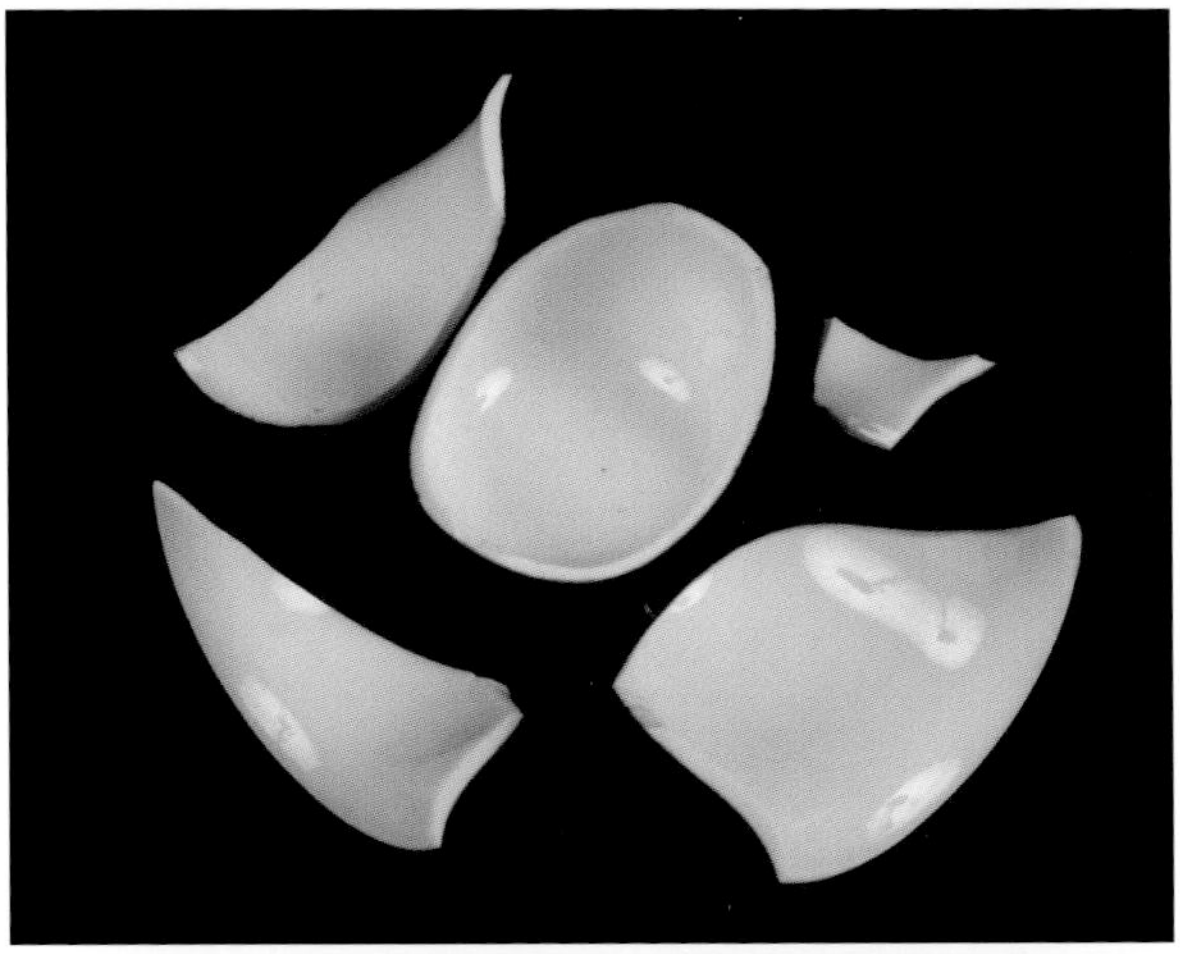

## 複合型

実際の陶磁器の破損では、破損状態が複雑に絡みあっています。特に「にゅう」、「ひび割れ」の有無は、よく確認しましょう。作業は、ひび止め、接着、欠けの繕いの順で行います。

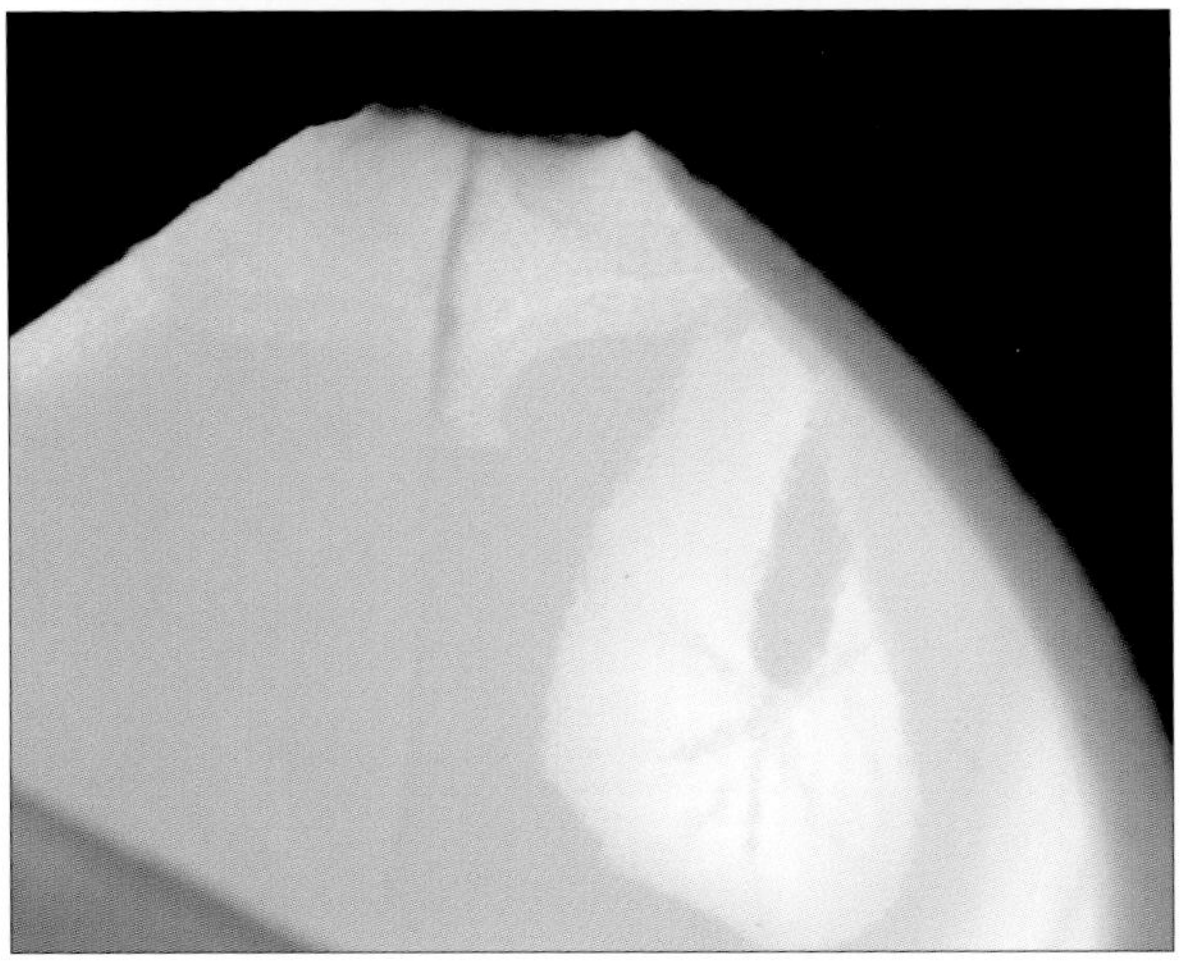

# 新うるしと本漆《ほんうるし》の違い

本書では、初心者でも扱いやすい「新うるし」と、より本格指向の「本漆」の両方の技術を解説します。それぞれの特徴を見て、どちらを選べばいいのか検討の参考にしてください。

| | 本 漆 | 新うるし |
|---|---|---|
| 原材料 | ウルシから採取した樹液。 | 植物性の樹脂。<br>釣竿用の塗料として開発されたが、 食器の修復でも安全性が確認されている。<br>（食品衛生法に基づき検査済み93ページ参照） |
| 乾燥方法 時間 | 常温多湿 ( 温度：25 ～ 30 度、湿度：85% 以上 ) の環境で硬化する。<br>数週間から数ヶ月、気温や温度、季節によって変動する。 | 自然乾燥 ( 3日～7日 )<br>常温多湿の環境下でより早まる。 |
| 修復期間 | 数ヶ月以上 ( 破損の状態によっては数年かかる場合もある )。 | 1ヶ月～数ヶ月 ( 破損の程度で変わる )。 |
| メリット | 自然素材なので、 硬化後は安心、 安全。<br>仕上げに耐久性がある。 | 安価 ( 新うるし以外の全ての道具を揃えても 7,500 円程度 )。<br>かぶれない。 初心者でも扱いが簡単。<br>DIY ショップなどで入手しやすい。 |
| デメリット | 高価 ( 周辺の道具類を合わせると、 万単位になる )。 特殊な道具が多く、 漆芸材料専門店でないと手に入りにくい。 体調や体質によってかぶれることがある。 扱いが難しい。 作業に経験と知識が必要。 釉薬への活着が悪い。 | 仕上げの金・銀を蒔くタイミングが重要。<br>（33 ページ参照） |
| 効果のある修復 | 無釉・マット釉・金彩・赤絵などの剥落しやすい加飾があるもの、 表面が柔らかい器の修復に適している。 | ほとんど色のない 「本透明漆」 の特性を生かすと、 ガラス・にゅうの修復箇所が見えなくなる場合がある。 |
| 仕上げの違い | 粉固めして鯛牙で磨くため、 耐久性がある。 | 蒔き放ちのみで、 簡単。<br>本漆より耐久性は弱い。 |

# 進化した漆『ＮＯＡ漆』

自然素材の本漆で金繕いをしたいが、扱いの煩雑さやかぶれが心配という方に、低温度低湿度の環境でも硬化し、かぶれにくい『ＮＯＡ漆』をご紹介します。

本来、金繕いは漆を用いて修復する歴史があります。しかし、従来の漆は初心者には扱いが困難です。ＮＯＡは、漆液に熱を加えず酵素を失活させない、さらに分散性の高い新精製法により作られた進化した漆です。本格的に本漆での金繕いにチャレンジしてみたいという方には、使いやすい漆です。

### ◎かぶれにくい

漆かぶれは、主成分であるウルシオールが皮膚タンパクと反応することで炎症を起こします。そこで『ＮＯＡ漆』は、漆液にあらかじめタンパク質を混合して反応させることで、皮膚タンパクと反応する部位を封鎖しました。ただし、あくまでもかぶれにくいというだけで、本漆としての扱いを守らなければ、かぶれることには変わりません。

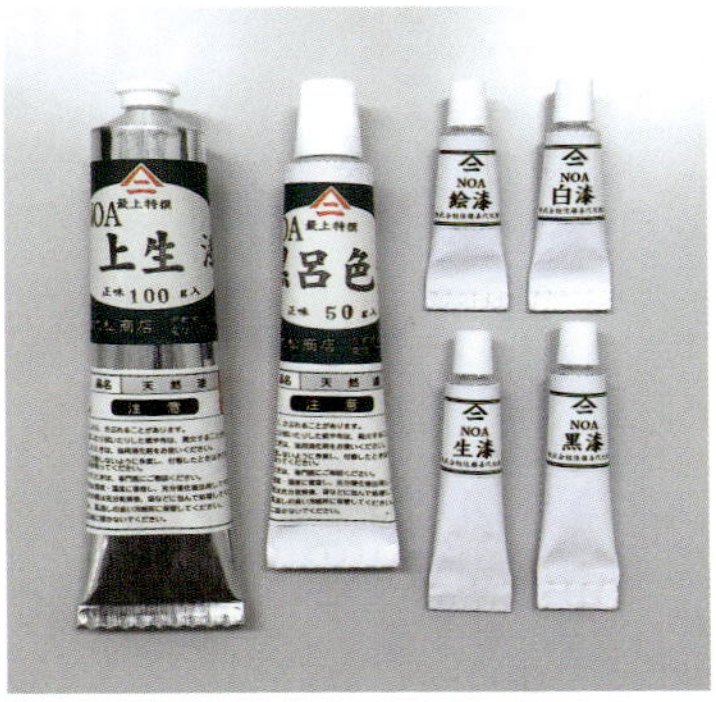


漆の種類は、生漆、透漆、黒漆、色漆と多種あり。10ｇより販売。製造販売は、株式会社佐藤喜代松商店。

### ◎低温低湿度の環境条件で硬化が可能

従来型の漆は、常温多湿の環境でなければ硬化しない性質があり、一般家庭での金繕いに難しさを感じる要因になっています。『ＮＯＡ漆』は、低温（10℃）、低湿度（50％RH）の環境でも硬化が可能なので、冬期でも金繕いに取り組み易くなっています。

湿度 60% RH における従来の精製漆と
MR-Ⅲ：雅の乾燥時間

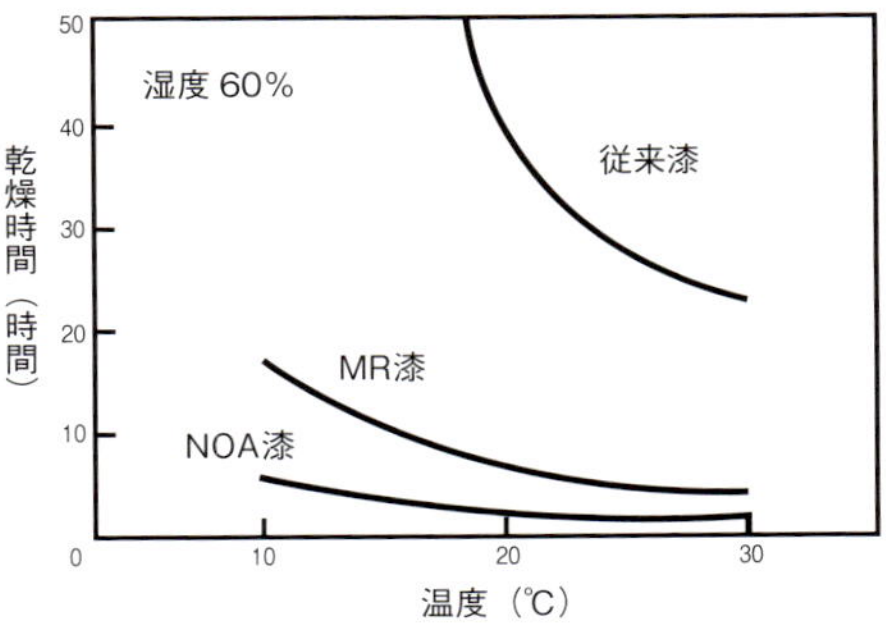

# 繕う前の下準備

器の素材の違いや、欠損の状態によって下準備を行います。この手順をおろそかにすると、作業自体のしやすさに関わり、最後の仕上がりに微妙な違いが現れます。

## 目止め

陶器の素地に吸水性があると接着ができません。また、ひびの周囲にシミができたり、割れ口の周囲に滲みが出るなどのアクシデントが生じます。これを防ぐために米の研ぎ汁を使って、割れ口に撥水性をつける「目止め」という下準備を行います。陶器の素地には、さまざまなものがあるので、念のためすべての陶器でチェックを行いましょう。

**1** 目止めを施す前の状態。断面に垂らした水が吸い込まれている。

**2** 最初に米を浸した水は、油分が多すぎるため使用しない。

**3** 2回目以降の研ぎ汁をボールなどに溜め、10～15分ほど器を浸す。

【 point 】

研ぎ汁に浸すのは欠損がある部分だけでかまいません。

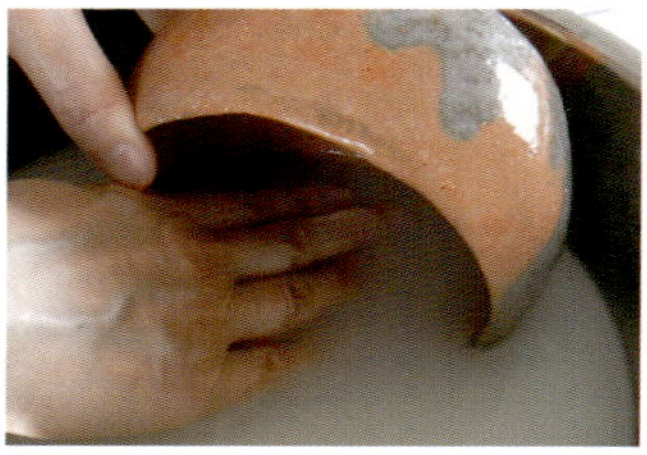

**4** 研ぎ汁ですすいで、器に沈殿した白い粉を落とす。この時、効果を妨げるので水洗いをしないこと。

**5** 天日干しで3～5日を目安とし、完全に乾燥させる。

【 point 】

器が完全に乾いたかを判断する目安として、「感触が冷たくないか」「重くないか」「高台裏に湿気を感じないか」「素地の色が暗くなっていないか」などを確認する。

**6** 1～6を6回繰り返し、断面に水滴が丸いまま2分間、維持できるかを確認する。この状態になったら割れ口に撥水性がついている。その後、白い粉を水洗いして完全に乾燥させる。

【 point 】

素地の性質は多種多様なので、一見して判断できないものがあります。必ず撥水性の有無を確認してから作業に入りましょう。

◎ポリデント

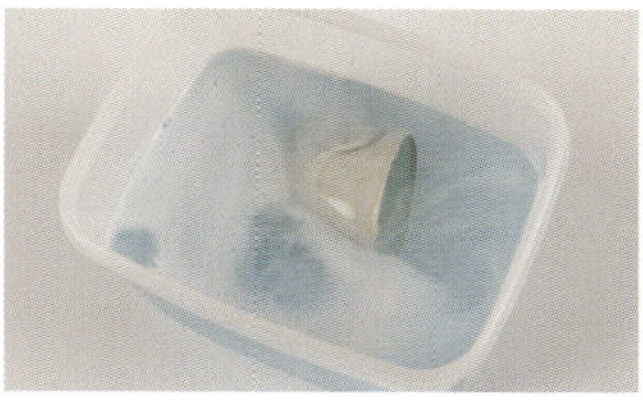

適正濃度に薄め、汚れが落ちるまで浸け置きする。

◎その他

器を浸す向きを変える、あるいは漂白剤のブランドを変えてみる。ただし、種類の違う漂白剤を混ぜ合わせないこと。

## 接着剤はがし

大きくずれるなど、不本意な状態で接合している器は、一度接着剤を剥がしてから再修復します。接着剤の耐熱温度は60℃程度しかないので、器を煮沸することで剥離できます。

1 鍋底に布巾を敷き、水から煮始める。煮立ってから10～15分間煮沸し、火を消す。常温になってから取り出し剥がす。外れない場合は数日置き、煮沸を繰り返す。

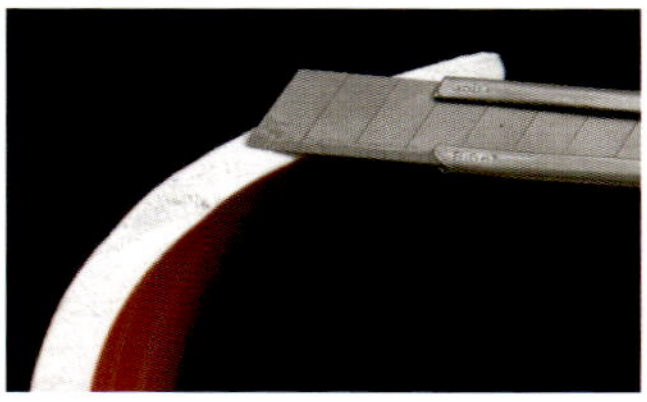

2 取り外したら、断面に残った接着剤をカッターで削り落とす。

## 漂　白

器の汚れは作業前にきれいにしましょう。特に「にゅう」は新うるしで修復すると、キズが見えなくなる可能性がありますので、漂白をお勧めします。

漂白前の状態

◎キッチンハイター

1 適正濃度に薄め、汚れが落ちるまで浸け置きする。

2 1で浸した時間の3倍程度、流水でさらして塩素成分を洗い流す。その後、完全乾燥する。

# マスキングについて

陶器は磁器と違って素地に凸凹があり、塗装後にはみ出た漆の除去は困難なため、作業前にはみ出し防止の措置を行います。これをマスキングといいます。陶器の表面の質感によって使う材料も変わりますので、適切なものを選択してください。

## 新うるし

施釉してある陶器

欠けやひびの周囲に筆を使って塗布。

本透明漆

## テープ類

施釉してある陶器

修復部周囲に貼り、繕う部分を除く。
爪先で押さえるなど確実に密着させる。

セロハンテープ・トリコンマスキングフィルム。マスキングテープは不可

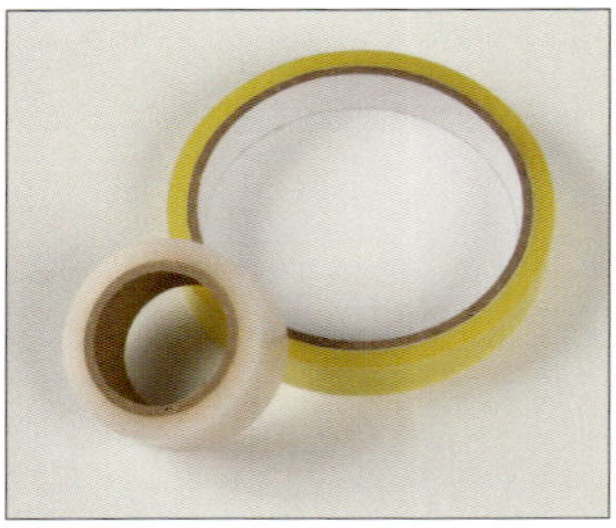

## でんぷん糊

焼締・マット釉・無釉の陶器

修復部周辺に塗布。乾燥次第、作業可。

ヤマト糊・フエキ糊・米糊

# 第２章

# 新うるし編

新うるしは、特別な乾燥環境を必要とせず、
かぶれの心配もいらない、初心者にも扱いやすい材料です。
第2章では、新うるしを使った
「ほつれ」「にゅう」「ひび」「割れ」の補修を解説します。
特に「にゅう」は、新うるしならではの完成形になります。

# 新うるしに使う道具

新うるしは、入手がしやすく特殊な道具を必要としないので、初心者でも取り組みやすくなっています。ここでは新うるしを使った金繕いに必要な道具を紹介します。巻末には取り扱い先を案内しています。

**【下地作りに使う道具】**

①本透明漆……不純物が入っていないので接着力に優れる。割れの接着やひび止めに使用する。

②弁柄漆《べんがらうるし》……酸化第二鉄を主とする赤色顔料を混ぜたもの。堅牢度が高いので、欠損を埋めるのに使用する。

③薄め液……新うるしを薄めるのに使用するほかに、道具類の洗浄にも使う。

⑤絵皿……ひびの補修で新うるしを薄める際に使用する小皿。

⑦漆筆……接着、ひび止めから欠損を埋める作業に使う。欠損の大きさに合わせて太さを用意する。

⑨カッター……埋め終えた欠損部の成形に使う。

⑩ピンセット……欠損部を木片で埋める作業に使用する。精密作業用の先端が鋭利で真っ直ぐな形態が望ましい。

⑪トクサ……欠損部の最後の成形に使う。20〜30分水に浸してから使用すること。

**【仕上げに使う道具】**

④金泥《きんでい》・銀泥《ぎんでい》……写経・絵画用に古くから用いられているもので、金・銀箔を微細な粉末にしたもの。仕上げに上化粧するものとして使用する。器の格、由来や使われた時代、使用する目的・時・場所等によって使い分けする。

⑥仕上げ筆……コリンスキー（ロシア産の最上級のテン毛）の筆。腰の強さ、穂先のまとまり感がよく、細い線から面の塗りまで幅広く対応できる。

⑧蒔筆……毛質の細くて柔らかい筆先の平らな筆を使用する。

⑫真綿……広い面積の金蒔きや、金・銀泥を蒔いた後のツヤ出しに使用する。

# 道具の片付け方

新うるしを使った筆やチューブの片付け方について解説します。道具を正しく管理することは、効率の良い作業につながります。毎回丁寧に行いましょう。

## ◎漆筆の洗い方

**1** 洗い用の薄め液の中で穂先を泳がすように洗い、ティッシュペーパーで拭く。ティッシュペーパーに弁柄色が付かなくなるまで丁寧に繰り返す。

【 point 】

筆の根元までビンの底につけて穂先を折ると、毛が抜ける原因になるので気をつけましょう。

**2** 中性洗剤を穂先につけて洗う。爪で穂先をほぐして、根元まで洗剤が入り込むようにし、水ですすぐ。これを2～3回繰り返す。

【 point 】

穂先を折る、あるいは毛先を引っ張るなどしないようにしましょう。

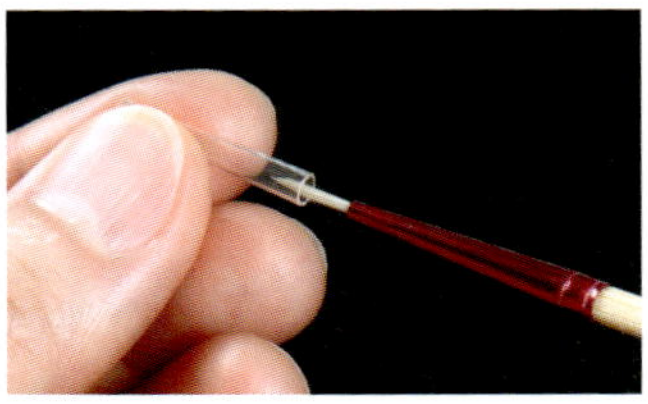

**3** キャップをする時に毛先を折り曲げないように、穂先が濡れているうちにキャップをすること。

## ◎洗い用の薄め液

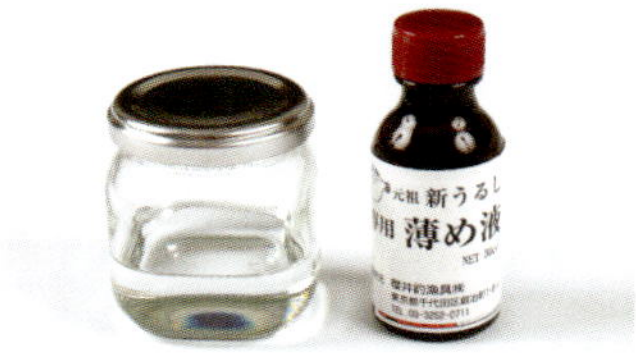


薄め液本来のビンとは別に、筆や道具を洗うための小分けしたビンを用意する。

【 point 】

洗い用の薄め液は、汚れてきたら上澄み液を取り分け、ビン底を掃除します。その後、上澄み液を戻し、新しい薄め液を足せば、揮発してなくなるまで長く使うことができます。

## ◎チューブの管理

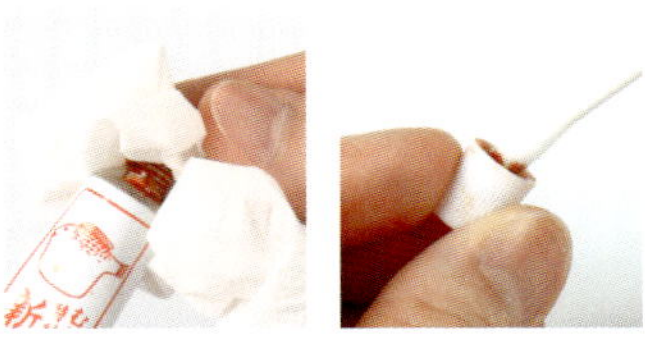

**1** 作業が終了したら口金、キャップ内を拭ってきれいにする。口金に新うるしが付着したままで放置すると、キャップが開かなくなるので注意する。

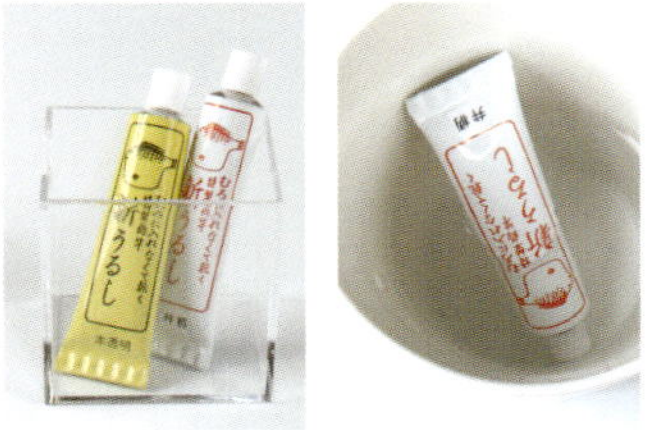

**2** 新うるしがあふれ出ないように、チューブは縦置きして保管する。キャップが開かない場合は、キャップを下にしてチューブを熱湯に1分ほど浸けると簡単に開く。ペンチなどで無理やり開けないこと。

*facture 01*

# 急須注ぎ口の ほつれを繕う

急須の注ぎ口は、欠けやすい箇所の一つです。少しずつ弁柄漆を塗り重ねることで堅固な下地を作り、仕上げを行います。

DATA
[作品名] 鉄《てつ》釉《ゆう》鎬《しのぎ》文《もん》後《うしろ》手《で》急《きゅう》須《す》
[材質] 陶器
[サイズ] 胴径７×９cm
全長 14cm（注ぎ口から取手まで含む）
[欠損状態] 注ぎ口の先端に３mm のほつれ

**手 順**

1. 欠損状態を見極める
2. マスキングをする
3. 弁柄漆で埋める
4. 削り出し
5. 金泥を蒔く
6. ツヤ出し

## 欠損状態を見極める

1 注ぎ口の先端に3mm程度のほつれを確認。弁柄漆を数十回塗り重ね、充填して繕う。

## マスキングする

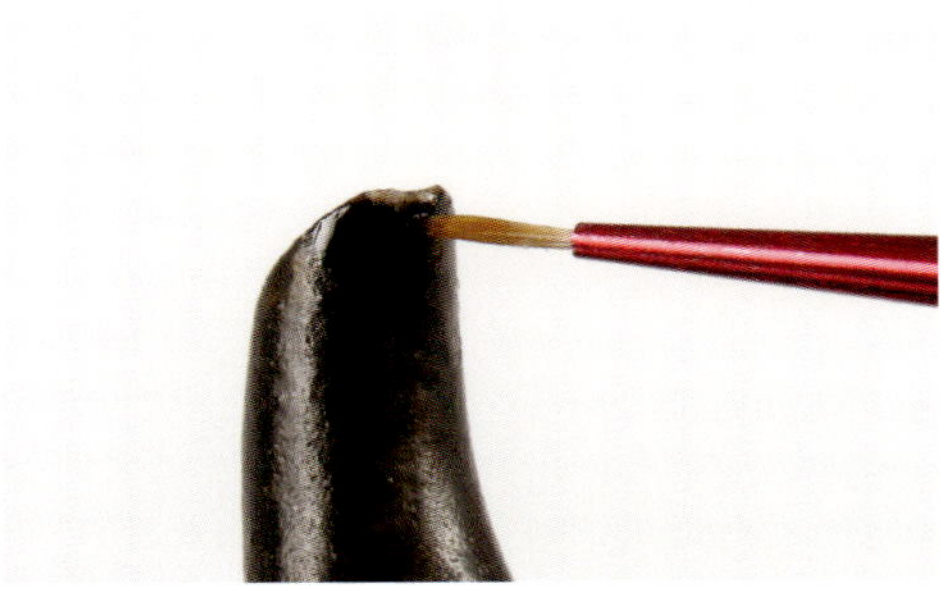

2 ほつれとその周辺を本透明漆で薄く塗る。1週間置いて乾燥させる。
＊マスキングは26ページ参照

## 弁柄漆《べんがらうるし》で埋める

3 漆筆でチューブから直接、弁柄漆を取る。

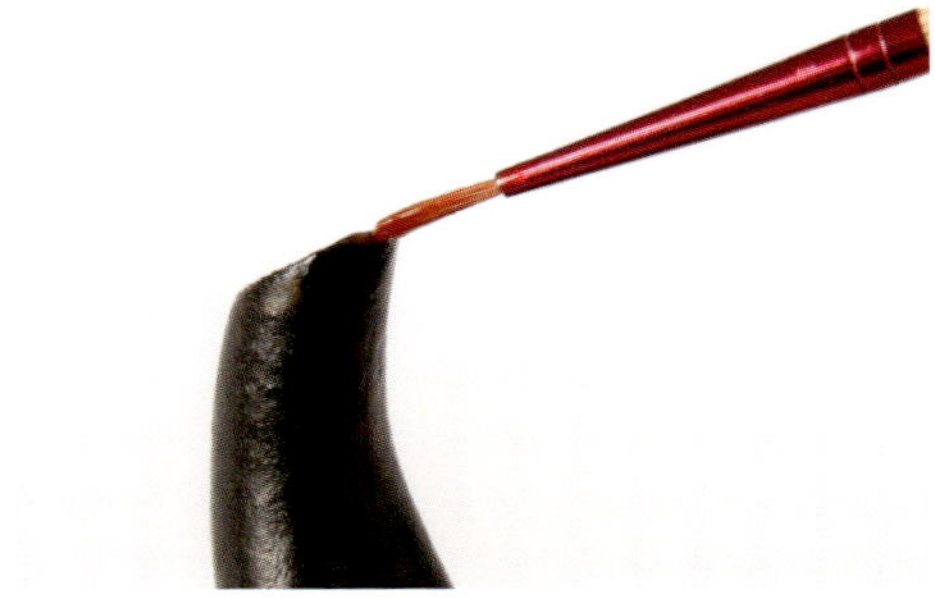

4 ほつれ部分に弁柄漆を薄く手早く（20秒程度）塗る。

【 point 】

1回の塗り厚の目安として、右側を参照してください。左のように厚塗りするとちりめん皺が生じ、外側だけが乾固し、内側は生乾きという問題が起きます。

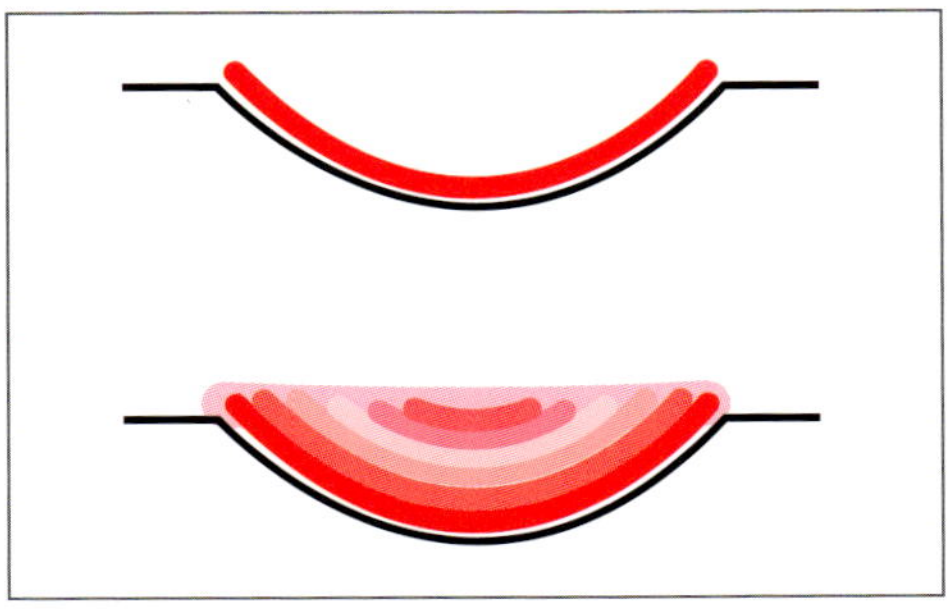

5 弁柄漆は1週間に1回塗ることを基本とし、20回程度を目安にほつれた深さが埋まるまで、根気強く塗り重ねる。すべて埋め終わるまで4～5ヶ月かかる。ただし1回の塗り厚や季節によって異なる。

## 削り出し

**6** ほつれが埋まったら、カッターで荒削りし、トクサで磨く。中性洗剤とメラミンスポンジでしっかり洗浄し、作業中の付着物（油脂分・漆の粉など）を取り除く。その後自然乾燥する。

**【 point 】**

カッターは刃を３～５cm 程度出し、横に寝かせ器面と平行に削りましょう。刃先や刃角を立てないようにするのがコツです。

### トクサで磨く

水に 20 ～ 30 分程度、浸して柔らかくなったトクサを使用します。紙ヤスリは器を傷つけるため、絶対に使ってはいけません。

## 金泥《きんでい》を蒔く

**7** ほつれ部分に弁柄漆を薄く塗り、３～30 分くらい置いて半乾き状態にする。この弁柄漆の表面が半乾きになった時が、金泥の蒔き頃になる。蒔き頃は、弁柄漆の塗り厚や季節による温度・湿度の変化によって変動する。

**【 point 】**

ほつれ部分より、やや大きめに輪郭線を描き、中を塗りつぶすときれいに仕上がります。

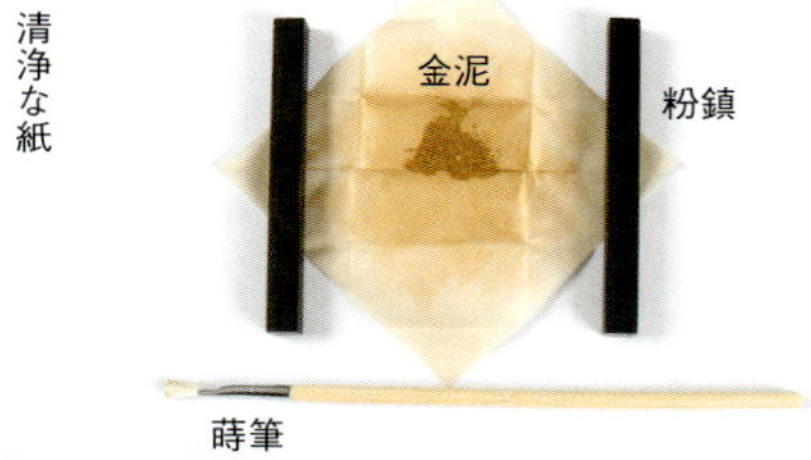


**8** 金泥を蒔く準備をする。

**9** 蒔筆に金泥をたっぷり含ませる。

10 弁柄漆を塗った上から軽く押さえながら金泥を含ませていく。蒔いた金泥はすぐに払い落とさず、数分間待つ。

◎金蒔きのベストタイミング

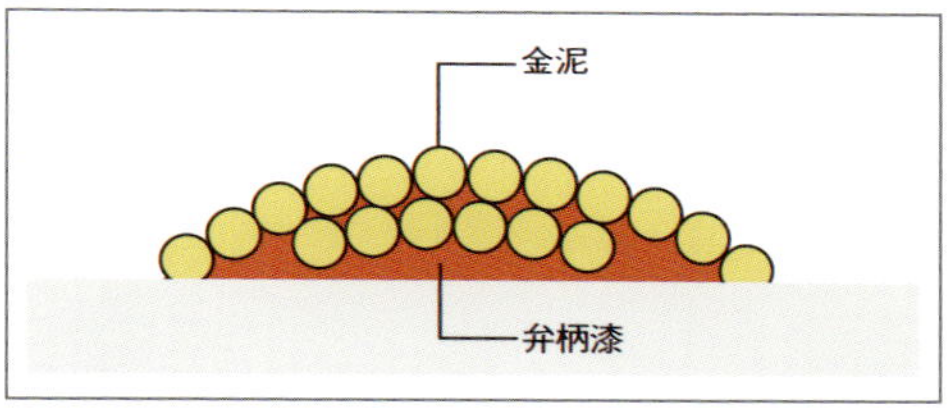


弁柄漆の表面に金泥の粒が真ん中まで沈殿した状態です。耐久性に優れ (1,000 回～ 6,000 回洗浄可能 )、金の光沢も出ます。

**早過ぎ**：金泥が生の弁柄漆に沈殿しすぎて、全体が赤っぽくなる状態です。表面も凸凹になり、金の光沢が出ません。

**遅過ぎ**：仕上げた時は金の光沢がとてもよく出ますが、使っていくうちに金泥が剥がれ易くなり、10 回程洗浄しただけで金泥がなくなります。

11 適切な時間が経ったら余分な金泥を払う。払った金泥は再使用可能なので、包み紙に戻してよい。

## ツヤ出し

12 蒔筆で金泥部分を 10 ～ 15 分間隔で数回軽くなでる。回数を増すごとに力を加えていく。この作業によって金泥に光沢が出る。

13 約 1 日置いた後、さらに真綿で表面を擦ると、より光沢が現れる。

14 金蒔き終了後、約 1 週間程度置いて使用可能となる。

*facture 02*

# 染付蕎麦猪口のにゅうを繕う

軽症のにゅうなので、汚れを完璧に漂白し、ひび止め後は見えなくなるようにします。仕上げをしなくても、使用上に問題はありません。

**手順**

- 欠損状態を見極める
- 漂白する
- ひび止め
- 削り出し

DATA
［作品名］染付蕎麦猪口
［材質］磁器
［サイズ］口径 7.2 ×高さ 5.8cm
［欠損状態］口縁から長さ 4cm のにゅうが 1 カ所

## 欠損状態を見極める

**1** 軽症のにゅうを確認する。本透明漆をしみ込ませると欠損が見えなくなる可能性があるので、位置がわかるように印（3〜5mm隙間をあける）をつける。

## 漂白する

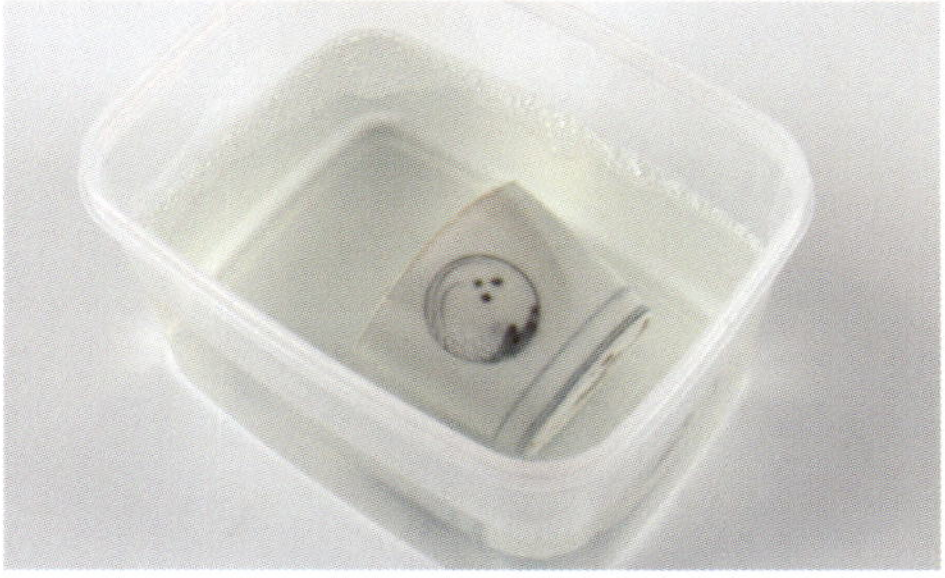

**2** にゅうの中に入った汚れを漂白剤で完璧に脱色し、完全に乾燥させる。
＊漂白は25ページ参照

## ひび止め

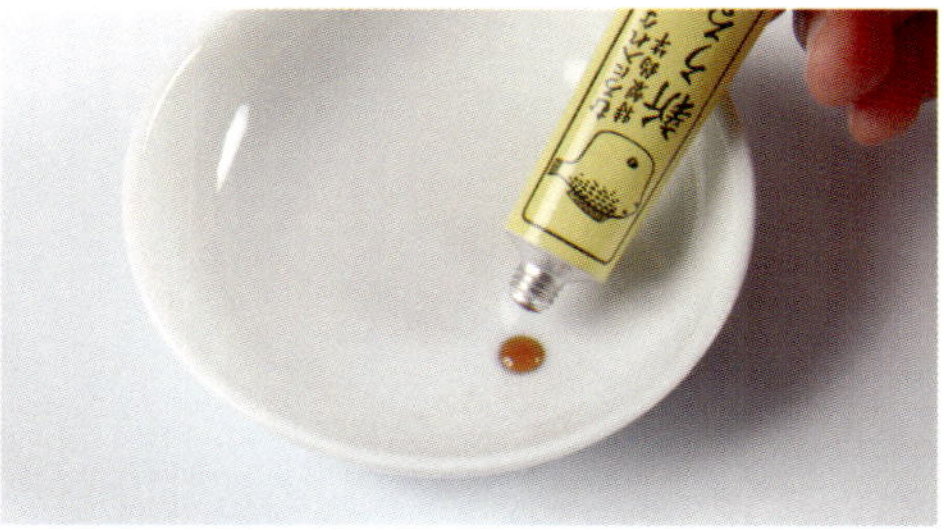

**3** 絵皿に本透明漆を少量出す。

**4** 薄め液を少量足し、混合液を作る。にゅうの先端は細いため、混合液がしみ込みやすいように濃度を薄くする。漆筆で全体をよく混ぜ合わせること。

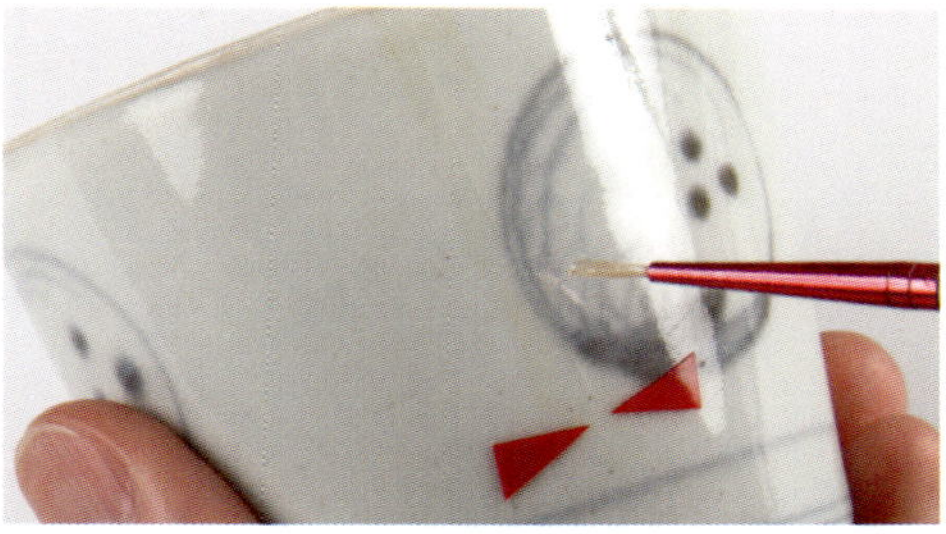

**5** 口縁部分から混合液をしみ込ませ、にゅうの細い方に向かって混合液をしみ込ませていく。

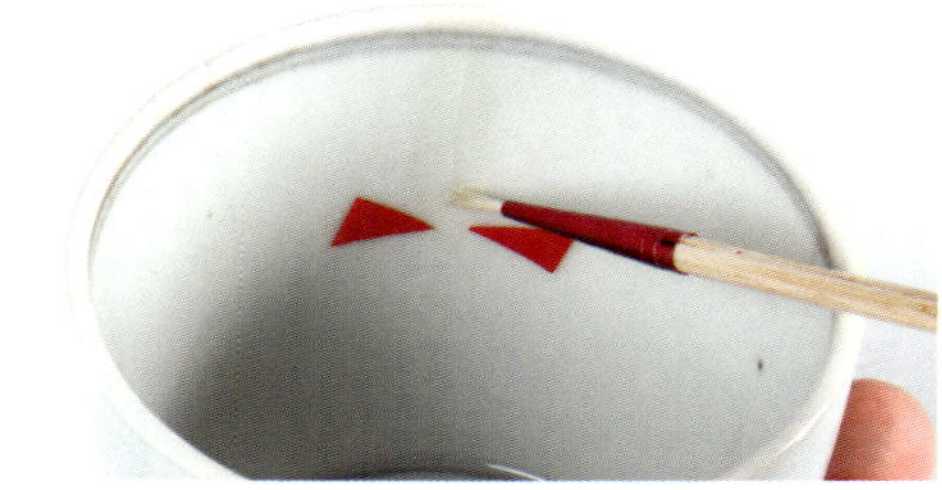

**6** 内側も同様に口縁部分からにゅうの細い方へ混合液をたっぷり塗り、しみ込ませる。

7
器を軽く叩く、あるいは振るなどして混合液の浸透を促す。約5～6分置き、浸透を待つ。

8
4で作った混合液に本透明漆の原液を少量足して、少し濃いめの混合液を作る。

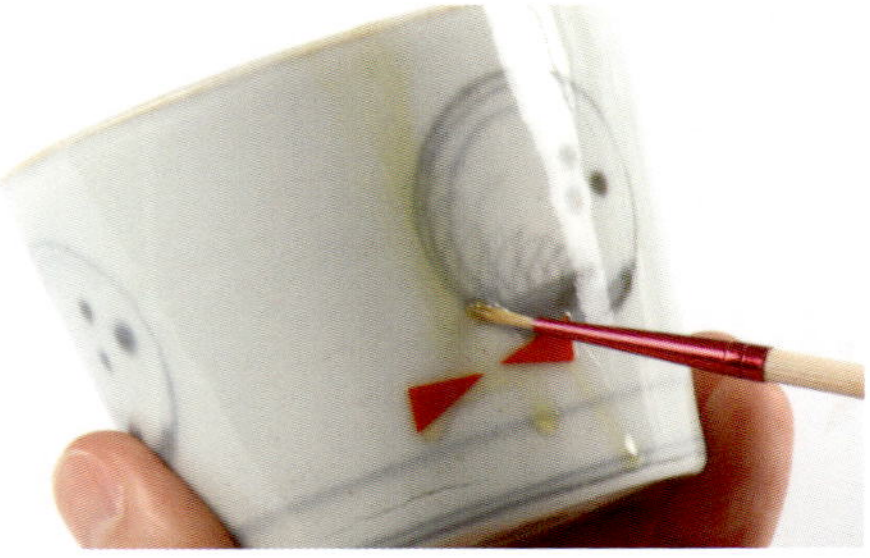

9
先ほど埋めたにゅうに沿って、濃いめの混合液を上から塗り重ねていく。内側も同様に行う。混合液を徐々に濃くしながら同様の作業を4～5回繰り返し、にゅうの深さを少しずつ埋めていく。

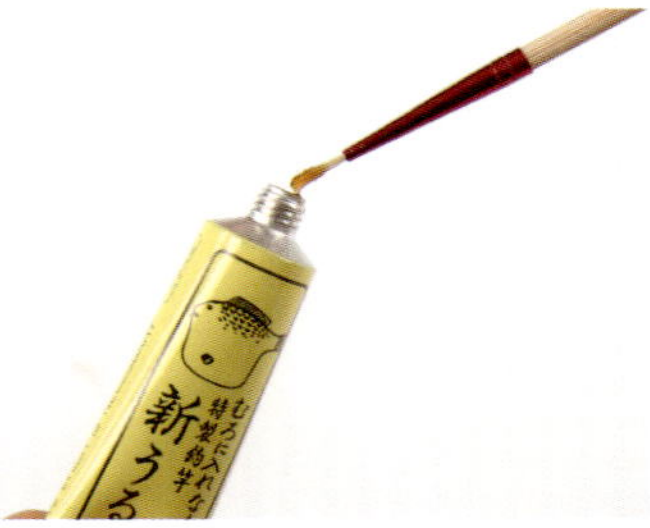

10
本透明漆の原液を、チューブから直接漆筆に取る。

11
にゅうに沿って外側と内側に本透明漆をたっぷり塗り、作業終了。7～10日置いてゆっくり乾燥させる。

## 削り出し

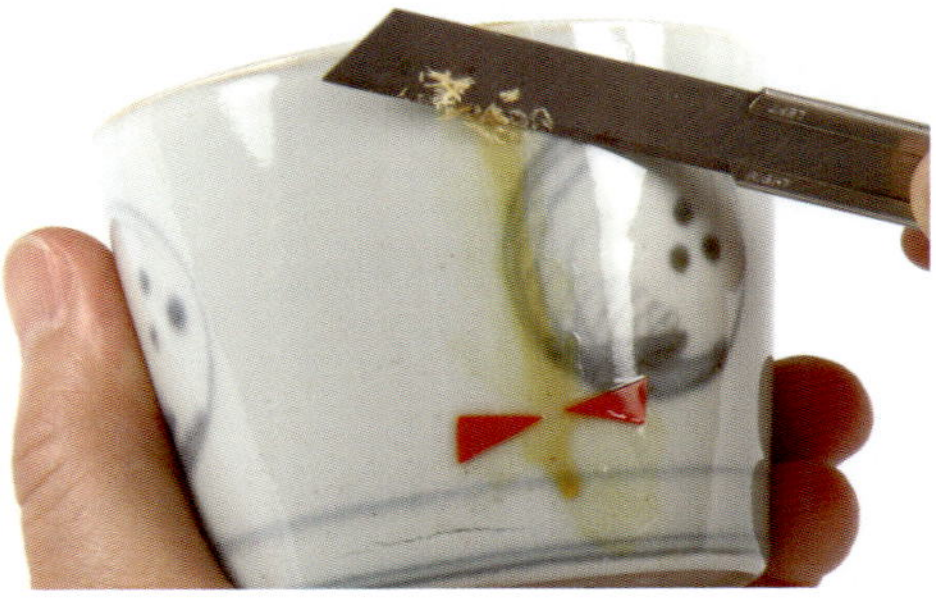

12
本透明漆のはみ出した部分をカッターで削り落とし、トクサで磨く。本透明漆がにゅう内に浸透し、キズが見えなくなったのを確認できたら補修終了。

**【 point 】**

カッターの刃は3～5cm出したら、立てずに寝かせた状態で、刃の根元部分を使いながら器の表面に沿って削ります。

facture 03

# 染付蕎麦猪口のひびを繕う

DATA
[作品名] 染付蕎麦猪口
[材質] 磁器
[サイズ] 口径 7.4 ×高さ 6.4cm
[欠損状態] 口縁から長さ 3.8cm のひびが 1 カ所

重症のひびなので、ひび止めを行った後、表面の欠損に弁柄漆を塗り重ね、金を蒔いて仕上げます。そのため漂白は不要です。

**手 順**

- 欠損状態を見極める
- ひび止め
- 弁柄漆を塗り重ねる
- 削り出し
- 金泥を蒔く
- ツヤ出し

## 欠損状態を見極める

1 重症のひびは、割れ目が広く隙間があり、「割れ」に進行する可能性があるため、欠損を埋めてから仕上げを行う。必要に応じて、ひびの位置を示す印をつけること。

## ひび止め

2 絵皿に本透明漆と薄め液を少量ずつ出し、混合液を作る。(35 ページ参照)

3 混合液を徐々に濃くしながら、ひびにしみ込ませていく。7～10日、ゆっくり乾燥させる。

## 弁柄漆《べんがらうるし》を塗り重ねる

4 弁柄漆を原液のまま漆筆に取り、ひび止めした上に弁柄漆を塗る。1週間おきに、ひびの線が見えなくなるまで塗り重ねる。

## 削り出し

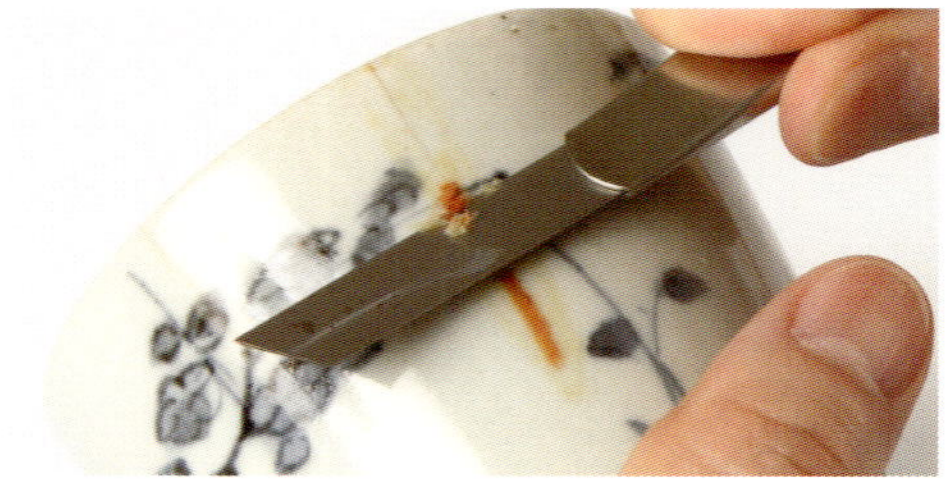

5 塗り重ねた弁柄漆をカッターで削り落とし、表面を平滑にする。中性洗剤とメラミンスポンジでしっかり洗浄し、作業中の付着物（油脂分、漆の粉など）を取り除いてから自然乾燥する。

## 金泥《きんでい》を蒔く

6 ひびの線上に弁柄漆を塗る。これが金泥の蒔き放ちの仕上げ線となるため、丁寧に描くこと。2～30分くらい置き、半乾き状態になるのを待つ。

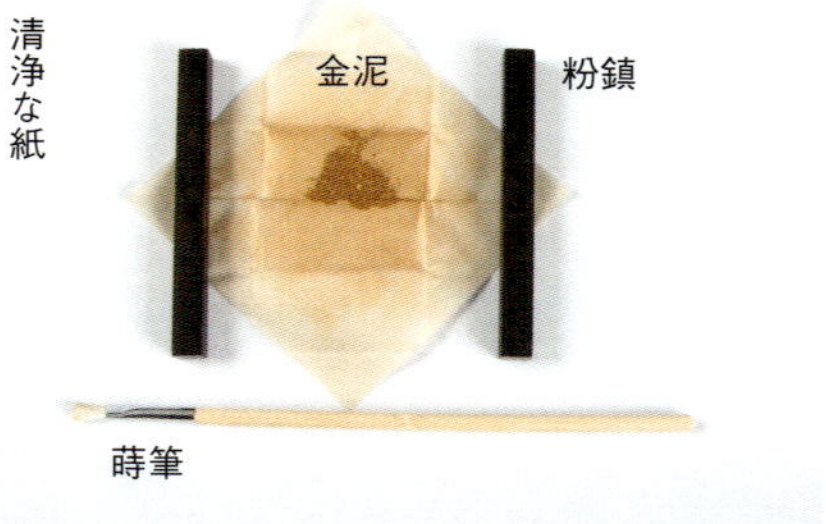


7 金泥を蒔く準備をする。

8 蒔筆に金泥をたっぷり含ませ、弁柄漆を塗った上から軽く押さえながら金泥を乗せていく。金泥はすぐに払い落とさず、数分間待つ（金泥を乗せるタイミング33ページ参照）。適切な時間が経ったら、余分な金泥を払う。払った金泥は再利用可能なので包みに戻してよい。

## ツヤ出し

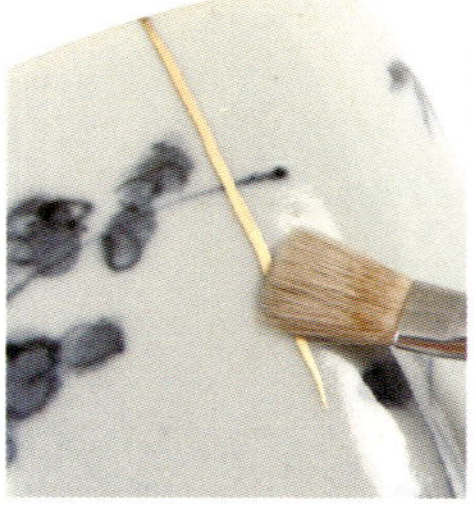

9 10～15分間隔で表面を蒔筆で数回軽くなでる。回数を増すごとに力を加えていく。この作業によって金泥に光沢が現れてくる。約1日置いた後、さらに真綿で表面を擦るとより光沢が出る。約1週間後から使用可能になる。

facture 04

# 萩焼飯茶碗の割れを繕う

萩焼は素地の吸水性が高いので、目止めを慎重に行うことが大事です。すべての破片を一度に接着し、形を整えます。

**手順**

- 欠損状態を見極める
- 目止めする
- 接着する
- 弁柄漆を塗り重ねる
- 銀泥を蒔く
- ツヤ出し

DATA
［作品名］萩焼飯茶碗
［材質］陶器
［サイズ］口径 12.3 ×高さ 6.2cm
［欠損状態］割れ

## 欠損状態を見極める

1 器形を留めず割れてしまったが、破片（大３個、小２個）はすべて残っている。割れから伸びるひびは認められない。

## 目止めをする

2 米の研ぎ汁に浸し、新うるしの浸透を防ぐ。＊目止めは 24 ページ参照

**【 point 】**

割れから伸びるひびがあった場合は、接着直前にひび止めを行います。＊ひび止めは 35 ページ参照

## 接着する

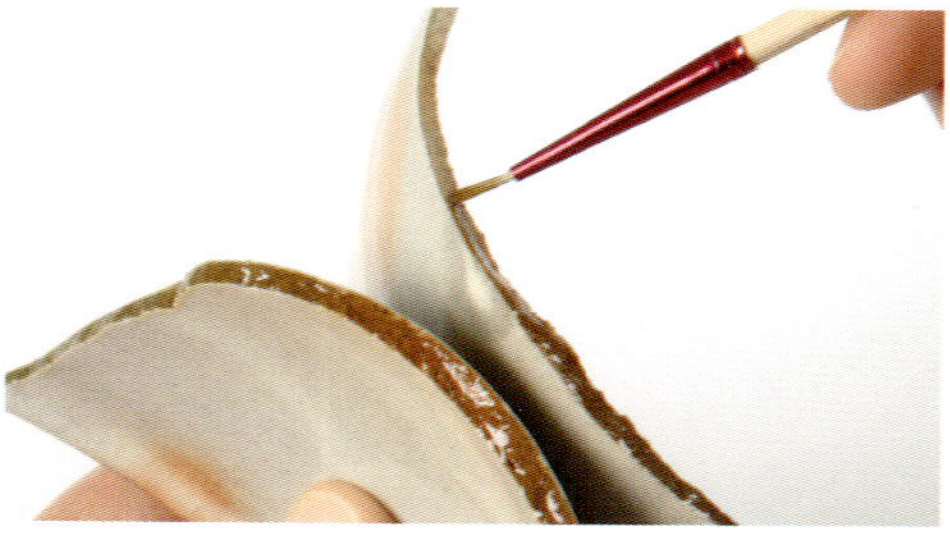

3 断面の両方に本透明漆をたっぷり塗る。

4 そのまま 20 ～ 30 分置く。

5 本透明漆がやや乾燥し、粘り気が出たところで接着する。間に入った本透明漆ができるだけ少なくなるように破片同士を押す。形を合わせながら表面に出た本透明漆はヘラなどで削り落とす。セロハンテープを使って仮止めする。

6 爪で接合状態を確認する。ズレのないようにぴったり合わせる。接着後、10日目までは修正可能なので適宜チェックを行い、1ヶ月間そのまま置いて乾燥させる。

7 はみ出した本透明漆をカッターで1cmほど削る。

◎断面の乾燥状態の判断の仕方

**乾固《かんこ》**：本透明漆のはみ出しを削ると、乾いた粉状の削りカスが出ます。削った後に触れても乾いた感触があれば、断面の本透明漆が確実に乾燥している状態です。表面にはみ出した本透明漆をすべて削り落とします。

**生乾き**：本透明漆のはみ出しを削ると、刃に粘り気のある削りカスが付きます。削った後に触れても粘り気を感じた場合は、断面の本透明漆が乾固していません。接合線上の本透明漆のはみ出しを全長の3分の1程度削り、1週間乾燥させることを3回繰り返して、徐々に本透明漆のはみ出しを削り落としていきます。

8 手で直に触れて完全に乾燥していることを確認する。半乾きのまま進めると、この後の作業に支障が出るので、必ず確実に乾燥させること。

## 弁柄漆《べんがらうるし》を塗り重ねる

9 弁柄漆の原液を筆に取り、ひびに沿って薄く塗り重ね、隙間を埋める。1週間に1回を基本として、ひびが埋まるまで根気よく塗り重ねる。

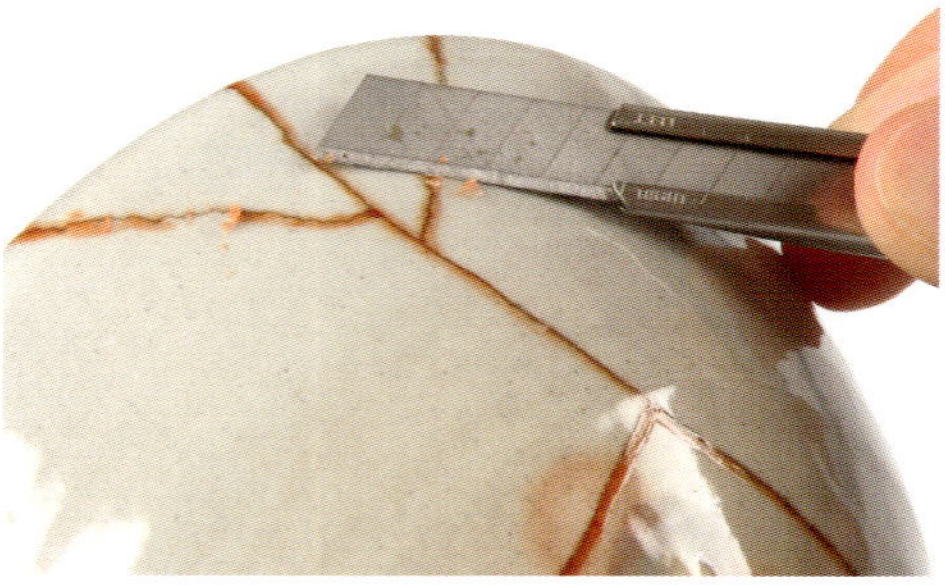

10 弁柄漆のはみ出した部分をカッターで荒削りする。20 ～ 30 分水に浸してやわらかくなったトクサで磨き、表面を平滑にする。

## 銀泥《ぎんでい》を蒔く

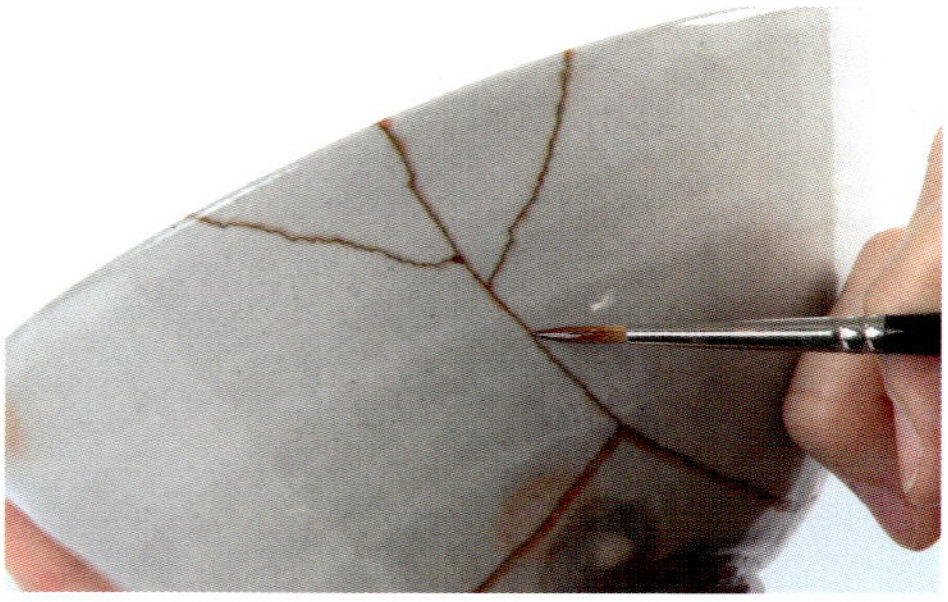

11 洗浄後、自然乾燥する。線に沿って弁柄漆（原液）を薄く塗る。2 ～ 30 分置き、半乾き状態になるのを待つ。

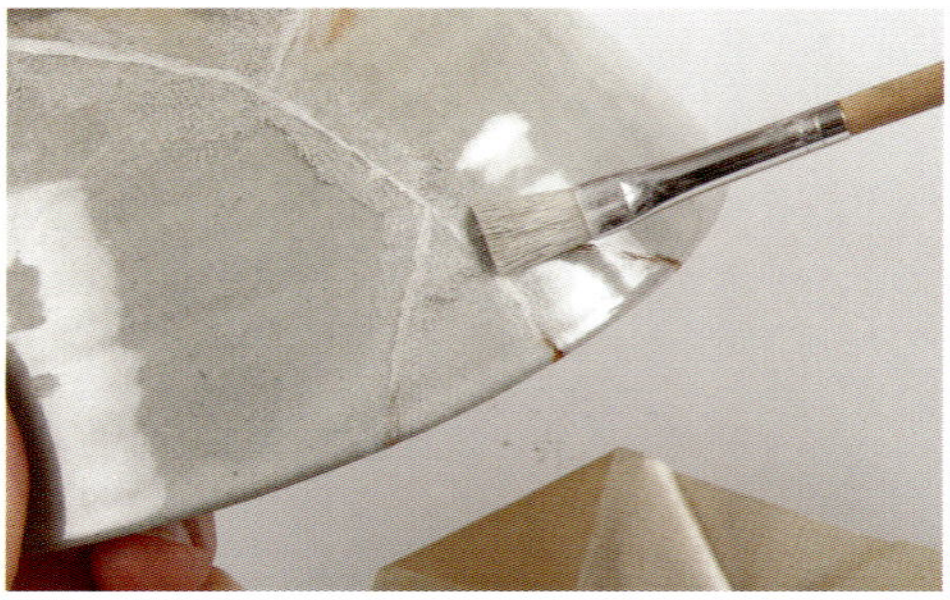

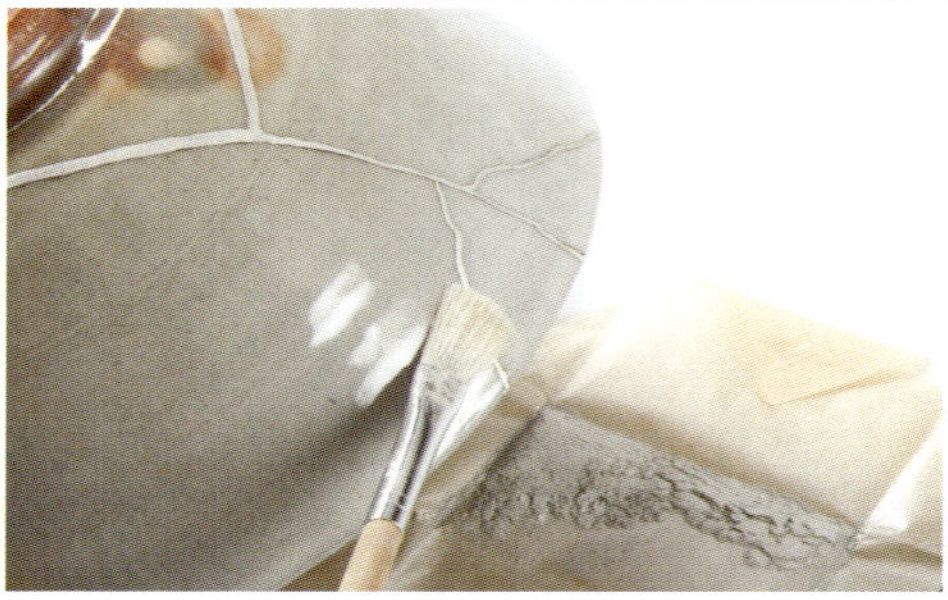

12 蒔筆に銀泥をたっぷり含ませ、弁柄漆を塗った上に銀泥を乗せる。余分な銀泥を包みに払い戻す。

**【 point 】**

金泥に比べて銀泥は粒子が大きく、弁柄漆に沈み込みやすい性質があります。そのため、銀泥は金泥より、やや長時間タイミングを取る必要があります。

## ツヤ出し

13 約 1 日置いた後、真綿で磨く。約 1 週間後から使用可能になる。

第3章

# 本漆編

金繕いは、本漆の接着力、可塑《かそ》性を利用し、
金蒔絵の技法で加飾するものとして発展してきました。
初心者には取り扱いが難しい点がありますが、
安全性や耐久性には本漆ならではの魅力があります。
第3章では、本漆の特性を生かした補修方法で
「欠け」「ひび」「割れ」を学びます。

# 本漆（下地作り）に使う道具

ここでは本漆の金繕いで欠損を埋める、ひびを止める、接着するといった下地作りに使う道具を紹介します。

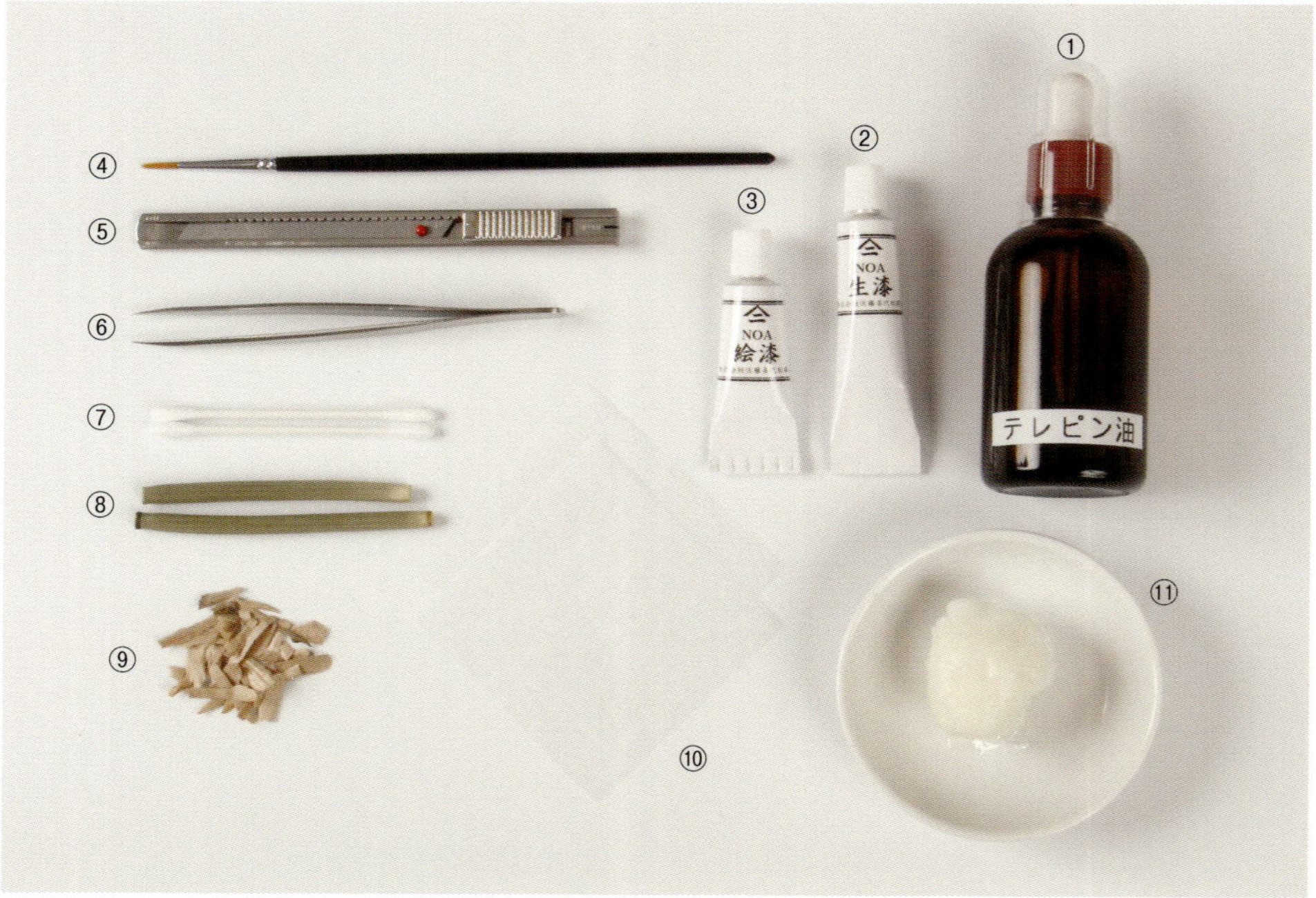

①テレピン油……松脂から作られた溶剤で漆を希釈するために使う。薬局で入手できる無水エタノールでも使用可能。

②生漆《きうるし》……原料生漆を濾過して塵や木屑を取り除いたもの。接着、ひび止めから仕上げの粉固めに使用。

③絵漆……日本産の生漆を精製した漆に弁柄（顔料・酸化第二鉄）を練り合わせたもの。欠損の埋めや仕上げの下地に使用する。

④漆筆……ひび止めから欠損を埋める作業に使用する。欠損の大きさに合わせて太さを用意する。

⑤カッター……埋め終えた欠損部を成形に使用する。

⑥ピンセット……欠損部を木片で埋める作業に使用。精密作業用の先端が鋭利で真っ直ぐな形状が望ましい。

⑦綿棒……作業時の汚れを清拭するのに適宜使用する。

⑧トクサ……欠損部の最後の成形に使う。20〜30分水に浸してから使用する。

⑨木片……欠損部を埋めるのに使用する。

⑩美吉野紙……糊うるしや漆類を漉す際に使用する。

⑪米糊……生漆と混ぜ合わせ、糊うるしを作る。

**【ペーパー類・マスキングなど】**

⑫食品用ラップフィルム

⑬ゴム手袋……薄手のラテックス製

⑭漆拭き紙……塵埃のでない紙

⑮セロハンテープ

⑯でんぷん糊……ヤマト糊、フエキ糊、米糊

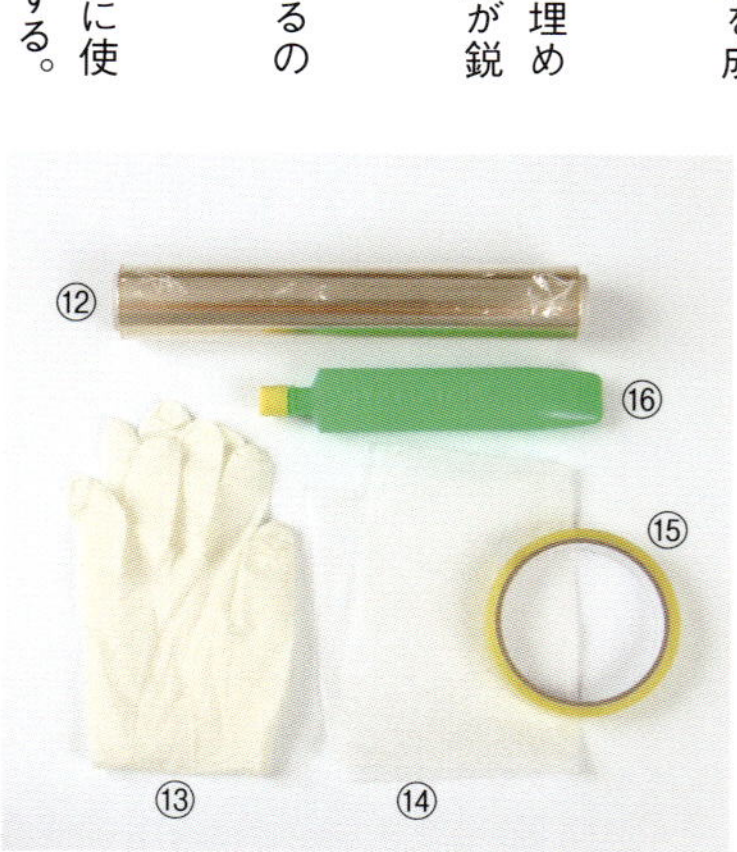

# 本漆（下地・仕上げ）に使う道具

仕上げとは欠損を金・銀粉で蒔絵をする作業をいいます。ここでは仕上げに必要な道具と下地作りから仕上げまで使う道具を紹介します。

**【仕上げに使う道具】**

⑰金丸粉《きんまるふん》（1号）

⑱銀丸粉《ぎんまるふん》（1号）……扁平になった金属粉を金槌で軽く摩擦し、叩きながら丸味をつけたもの。数字が大きくなるほど粒が大きくなる。仕上げに上化粧するものとして使用する。

⑲仕上げ用筆……コリンスキー（ロシア産の最上級のテン毛）の筆。腰の強さ、穂先のまとまり感がよく、細い線から面の塗りまで幅広く対応できる。

⑳蒔筆……毛質の細くて柔らかい筆先の平らな筆を使用する。

㉑めのう棒……仕上げに蒔いた金粉・銀粉を磨いて光沢を出すために使用する。鯛牙の代用としても可。

㉒鯛牙《たいき》……仕上げに蒔いた金粉・銀粉を磨いて光沢を出すために使用する。

㉖角粉《つのこ》……鹿の角を土器に入れて焼き、粉にしたもの。仕上げの光沢出しに使う。呂色磨き粉や艶粉、チタニウムホワイト（顔料）でも代用可能。

**【共通して使う道具】**

㉓ヘラ類……漆を練る際や器に塗布する時に使用する。用途に応じて材質、大きさは使い分ける。

㉔作業板……漆を練る際に使用する。ガラス板やガラスタイルのほか、牛乳パック、紙パレットでも使用可能。

㉕ビン・トレー……植物油を入れて使用済みの道具を浸すのに使用する。

㉗植物油……道具類の洗浄に使用する。天ぷら油の廃油でも使用可能。

# 漆かぶれについて

本漆を扱うにあたって最も問題になるのは漆かぶれです。原因と対処方法を正しく理解して、漆かぶれを予防しましょう。

**◎かぶれのしくみ**

漆かぶれとは、遅延性接触性皮膚炎（漆性皮膚炎ともいう）という症状です。本漆の成分であるウルシオールが皮膚のタンパク質と結合することにより、免疫反応を起こし、痒みや発赤を発するアレルギーです。

**◎対策**

「漆を直接皮膚に触れさせないこと」につきます。本漆を塗っている時に皮膚や服、または道具、テーブルなどに付着しないようにすること。また、削りの作業の際、生乾きの本漆が皮膚に付いたり、鼻から吸い込まないように注意します。付着した本漆は常温常湿では硬化しないため、1箇所付着したものが連鎖的に広がり、かぶれの原因になります。

**◎準備**

本漆は油分で希釈される性質があるので、手や顔に保護クリームを塗ると漆かぶれを防げます。女性でしたら、厚めの化粧で同様の効果があります。また、髪の長い方は結びましょう。髪が不用意に本漆に付くと、思わぬところに広がってしまいます。

**◎服装**

肌を露出しないようにエプロン・アームカバーを着用します。手には、本漆の付着が目立つように白色のゴム製、またはビニール製の手袋を着けます。

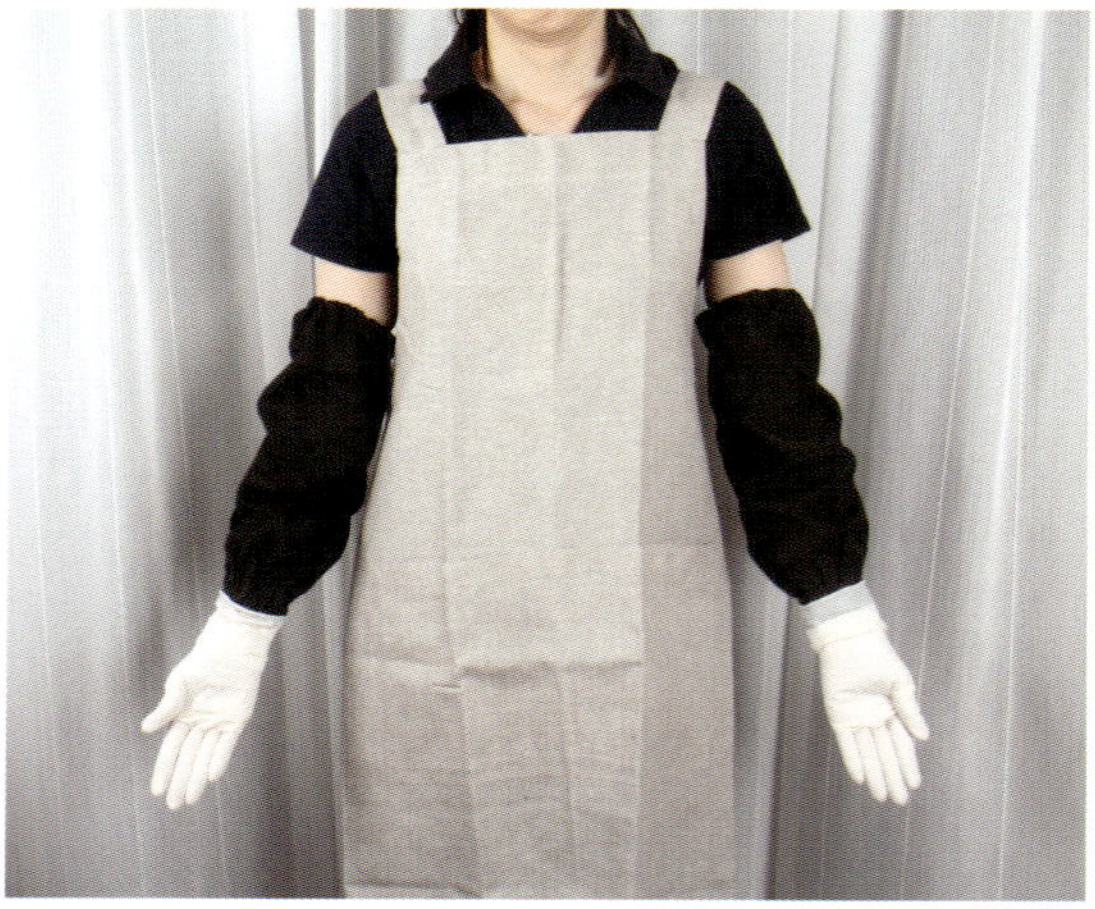

ゴム手袋は二重に装着し、外しやすくするために外側の手袋は少しめくり上げておくとよいでしょう。

**◎作業中**

処分しやすい物を使用し、使い終わったらすぐにゴミ袋に入れるようにしましょう。ゴム手袋は頻繁に交換します（目安は15分に一回、作業の切れ目）。削る作業は、塵埃を飛散させないようにトクサは水に濡らしながら行いましょう。作業中は、手や顔、眼鏡、スマートフォンなどには触れないようにします。硬化を確認する際も、素手では触らないようにします。

**◎皮膚に付着した場合**

まずは油でよく洗い、本漆を薄めてティッシュペーパーなどで拭き、除去することが重要です。これを数回繰り返し、本漆の色が消えたら、石鹸をつけてぬるま湯で油分を洗い流します。それでも痒みや発赤が残るような場合は、皮膚科の医師の診察を受けましょう。

# 室《むろ》について

本漆は、常温多湿の環境で硬化するという独特の性質があります。一般家庭で本漆を硬化させる環境は、どのように作ればよいのかを解説します。

## ◎漆の硬化のしくみ

漆の樹液に含まれる「ラッカーゼ酵素」が水分中の酸素を取り込んで、主成分のウルシオールを酸化させます。これにより、高分子結合が起きて本漆は硬化します。水分が蒸発して乾く「乾燥」とは、まったく異なる化学変化ですので、硬化には長時間を必要とします。

漆液の模式図

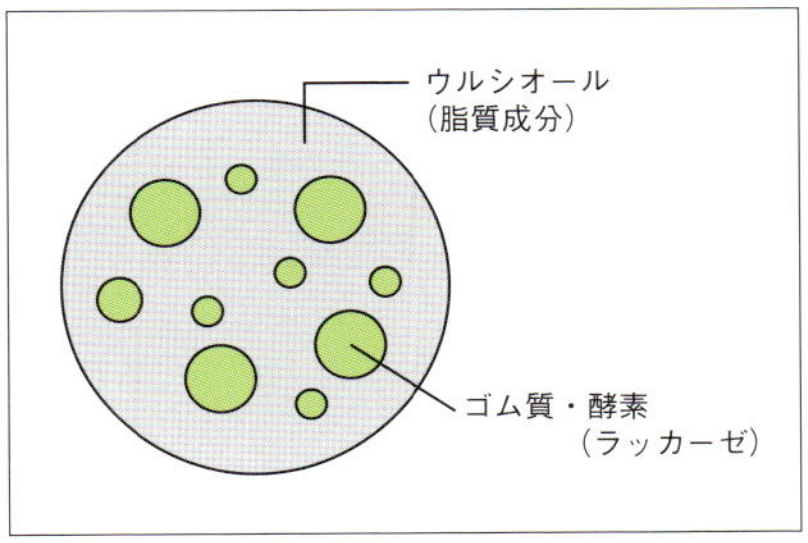


## ◎室とは

ラッカーゼ酵素は、温度25～30℃、湿度75～85%で活性化します。この梅雨時のような環境において漆は硬化します。漆芸の専門家は、このような環境を作った室と呼ばれる部屋を作っています。室を一般家庭で作るには、ほこり除けにもなり、衛生的な環境を保ちやすく、入手・処分がしやすい段ボール箱の利用が便利です。

霧吹きで水が滴るまで湿らせた状態が、完全に乾燥するのが目安です。

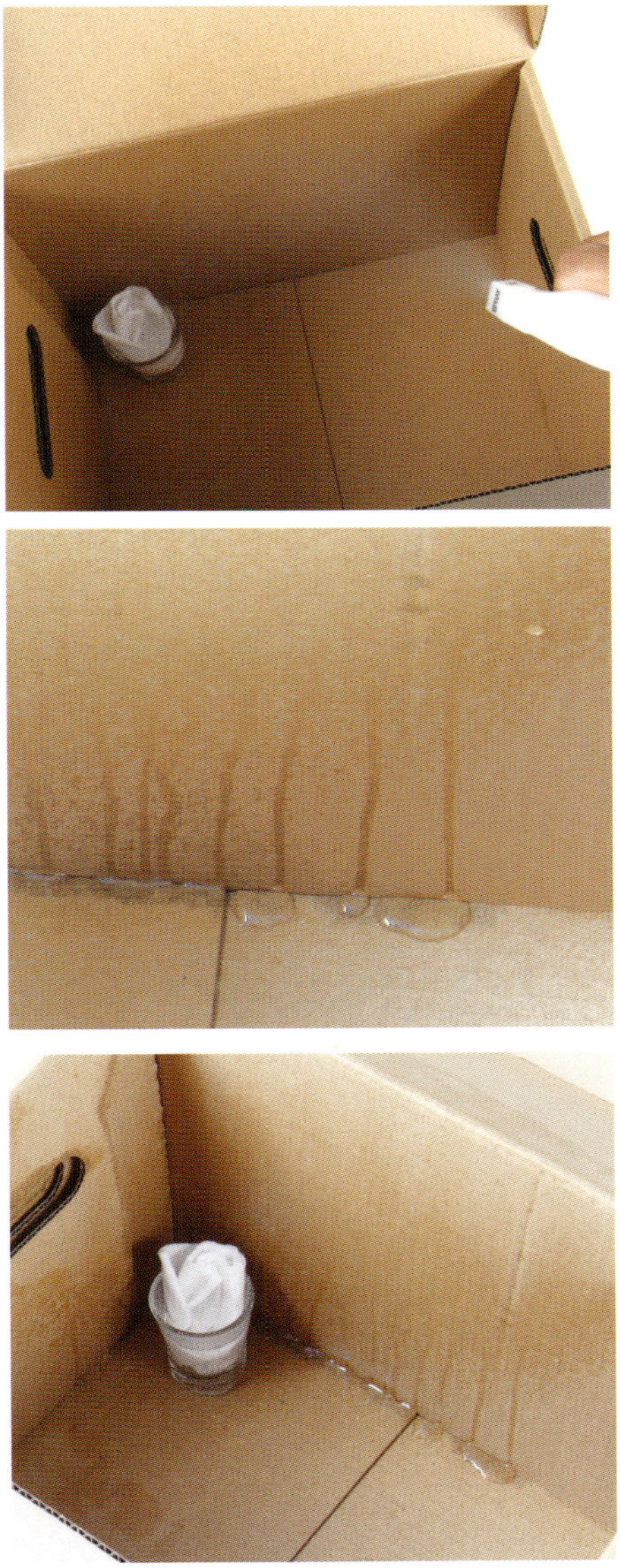

水を入れた容器に布を入れて段ボール箱内に置き、霧吹きで水が滴るくらい内部を湿らせる。2～3日毎に霧吹きで湿度を保つこと。

**【 point 】**

冬場の寒い時期は、ホットカーペットの上に置けば、段ボール箱を温められます。

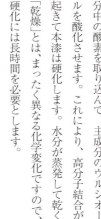

*facture 05*

# 赤楽茶碗の欠けを繕う

陶器の中でも楽焼は低温焼成で素地が柔らかいため、下準備をしっかり行う必要があります。欠けの大きさ、深さから木片を使って埋めます。

**手順**

- 欠損状態を見極める
- 目止め、マスキングする
- 木片を詰める
  - 室　絵漆：3日ごと、木片：1週間ごと
- 絵漆を塗り重ねる
  - 室：3日ごと
- 金粉を蒔く
  - 室　金粉：1～3日、粉固め：3日
- 光沢出し

DATA
[作品名] 赤楽茶碗《あからくちゃわん》
[材質] 陶器
[サイズ] 口径 13 ×高さ 8.5cm
[欠損状態] 口縁に欠けが 2 カ所
（大きさ 1.2cm、1.6cm）

## 欠損状態を見極める

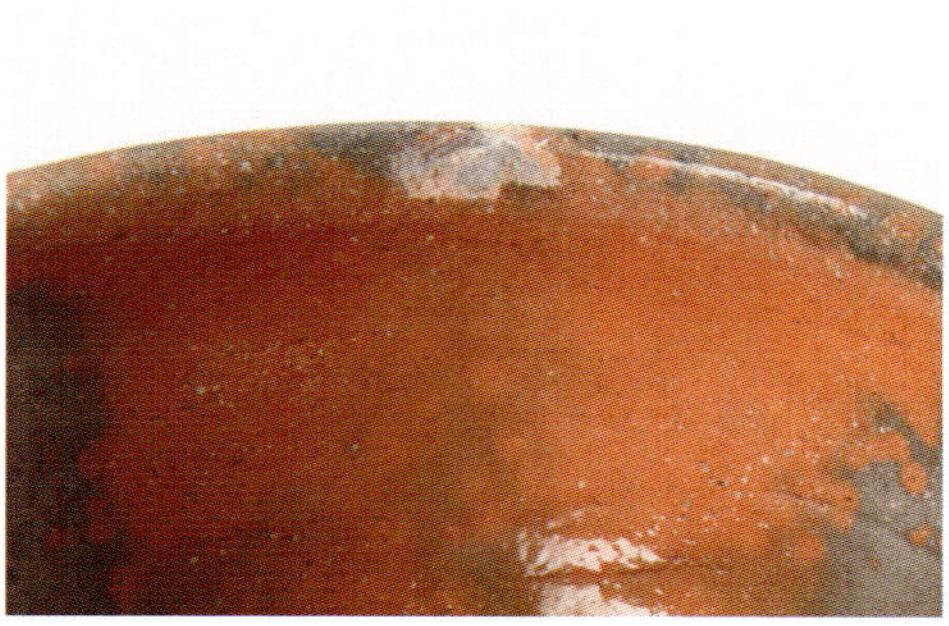

**1** 口縁に2カ所の欠けを確認。丁寧に下準備を行った後、木片を使って欠損を埋める。

## 目止め、マスキングする

**2** 米の研ぎ汁に浸し、漆の浸透を防ぐ。
＊目止めは24ページ参照

**3** 欠けの周りにでんぷん糊を塗り、漆が不必要に付くのを避ける。

## 木片を詰める

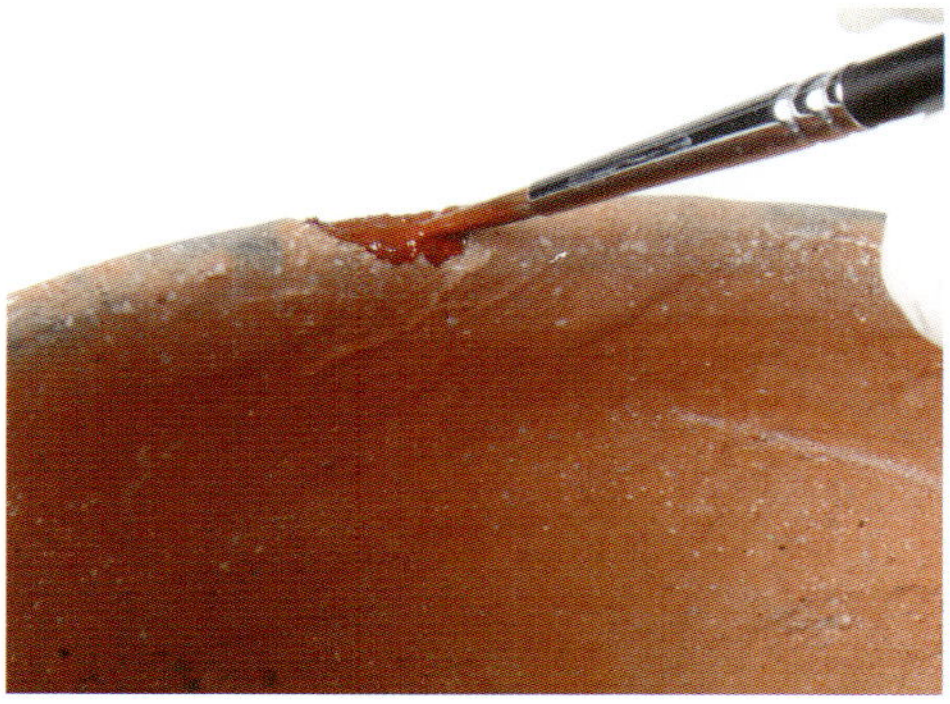

**4** 欠けた部分に絵漆を塗り重ねる。室で3日ほど硬化させながら3～5回行う。

**5** 欠けの最も深い部分から木片を貼る。室で1週間硬化させる。

**6** 硬化したらカッターで荒削りする。

◎木片を入れるバランス

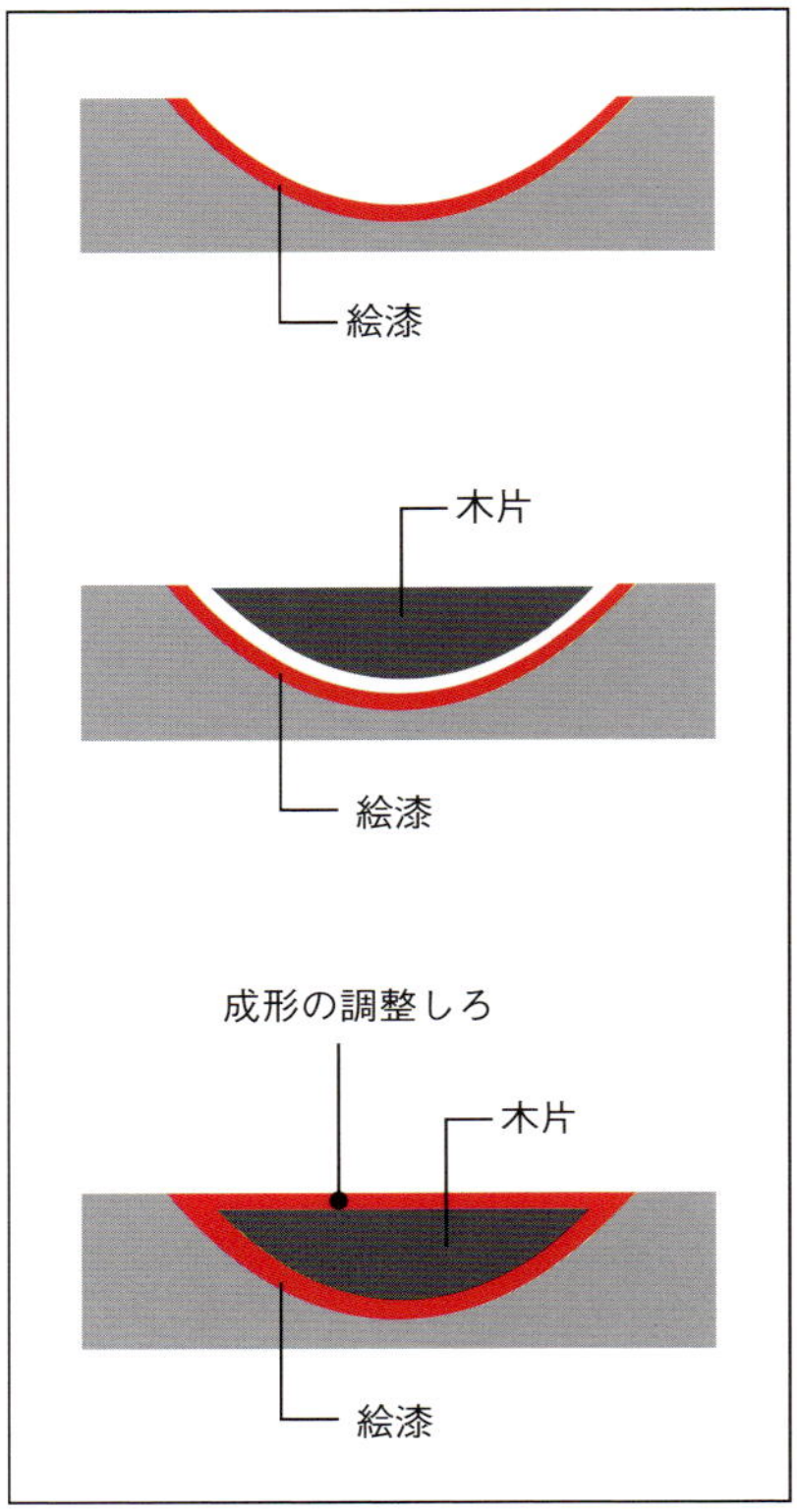


木片と絵漆を使うことで、欠け部分に漆器を埋め込んだ状態になる。

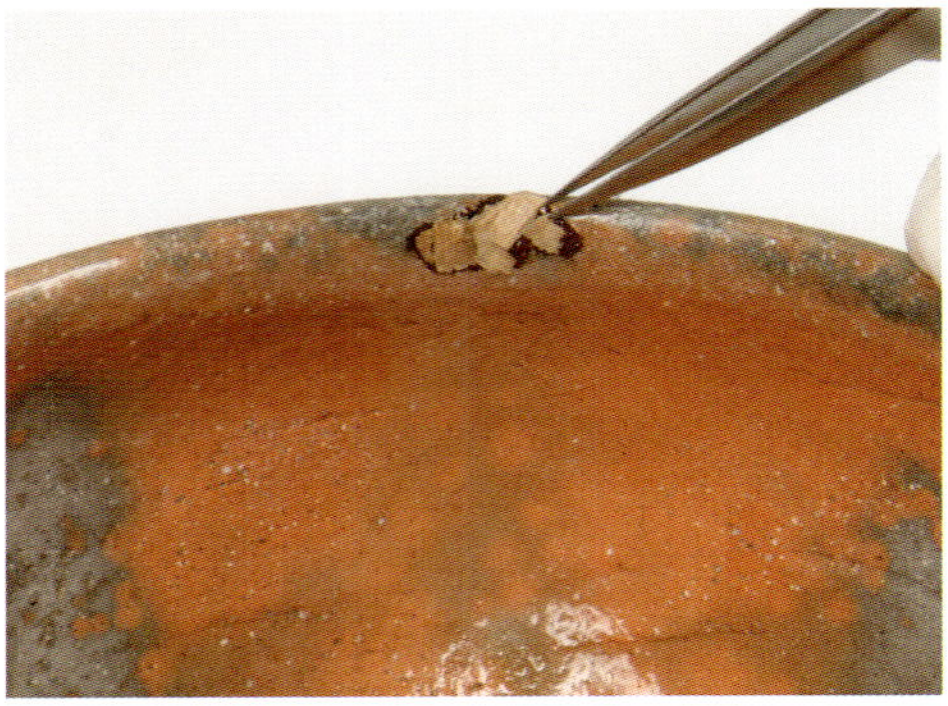

7 さらに凹んでいるところに木片を詰める。室で1週間硬化させる。

8 木片は欠けた傷口の形状に合わせてカッターで削る。

## 絵漆を塗り重ねる

9 木片が隠れるまで絵漆を塗り重ね（5～10回を目安）、その都度、室で3日ほど硬化させる。

10 水に浸してやわらかくしたトクサを使い、欠けを埋めた部分を滑らかに整える。中性洗剤とメラミンスポンジでしっかり洗浄し、作業中の付着物（油脂分、漆の粉など）を取り除く。その後、自然乾燥する。

## 金粉を蒔く

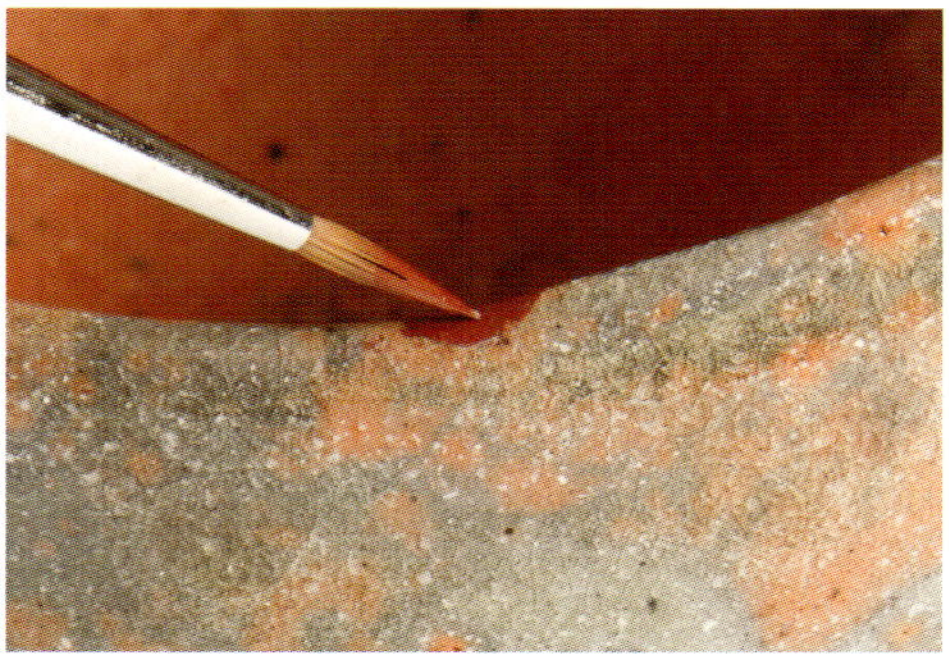

**11** 欠けた部分に絵漆を薄く塗る。埋めた部分をしっかり覆うように塗ることが重要。

**12** 金丸粉を蒔く準備をする。

**13** 蒔筆にたっぷり金粉を含ませ、絵漆の上に乗せていく。一面に付着した状態のまま室に入れて一昼夜置く。

**14** 余分な金粉を蒔筆で払う。払った金粉は、再利用可能なので包みに戻してよい。室で1～3日硬化させる。

## 光沢出し

**15** 薄め漆（生漆1：テレピン油1）を用意し、金粉を蒔いた上にしみ込ませる。色が付かなくなるまで、漆拭き紙で押さえる。室で3日ほど硬化させる。

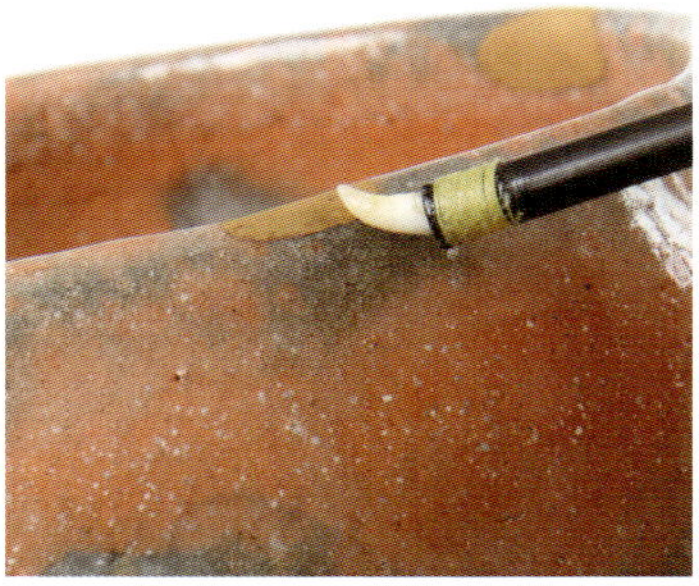

**16** 鯛牙（めのう棒、ガラス棒でも可）で磨き、光沢を出す。好みによっては角粉で磨き上げてもよい。

*facture 06*

# 西洋磁器皿のひびを繕う

洋食器も和食器と同じく金繕いが可能です。重症のひびなので、ひび止め後、表面の欠損を埋めて仕上げます。

DATA
[作品名] ロイヤルコペンハーゲンのスープ皿
[材質] 磁器
[サイズ] 径 25.5 ×高さ 3.5cm
[欠損状態] 口縁より長さ 7.5cm のひび

**手順**

- ひび止め
  室：3日〜1週間
- 絵漆を塗り重ねる
  室：3日〜1週間ごと
- 削り出し
- 金粉を蒔く
  室　金粉：1〜3日、粉固め：3日
- 光沢出し

## 欠損状態を見極める

1 重症のひびは割れ目が広く隙間があり、「割れ」に進行する可能性があるため、ひびを埋めてから金を蒔いて仕上げる。汚れが入っているが、仕上げで隠れるので漂白は不要。ひびの位置を示す印をつける。

## ひび止め

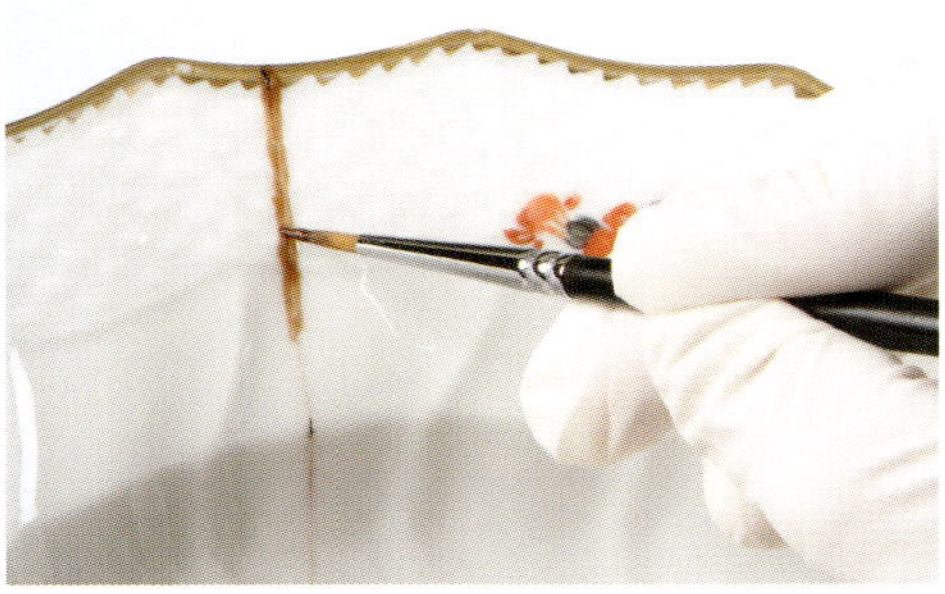

2 生漆を原液のまま、ひびに沿って塗る。裏面も同様に行う。

3 皿が入る大きさのビニール袋を1枚用意する。皿を入れ、口は開けたまま冷蔵庫に3日〜1週間程度置き、漆がひびの中に浸透していくのを待つ。

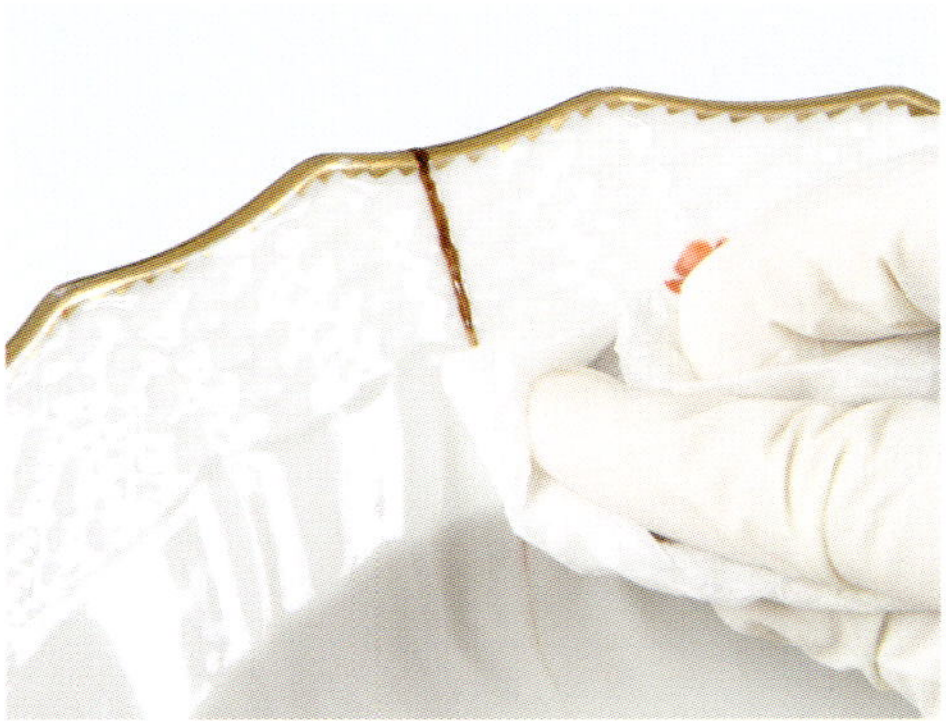

4 表面に出ている余分な生漆を、テレピン油を含ませた漆拭き紙で拭き取る。

5 室で1週間ほど置き、硬化させる。

## 絵漆を塗り重ねる

6 ひびの溝が埋まるまで、絵漆を塗り重ねる。その都度、室で3日から1週間ほど置き、硬化させる。

## 削り出し

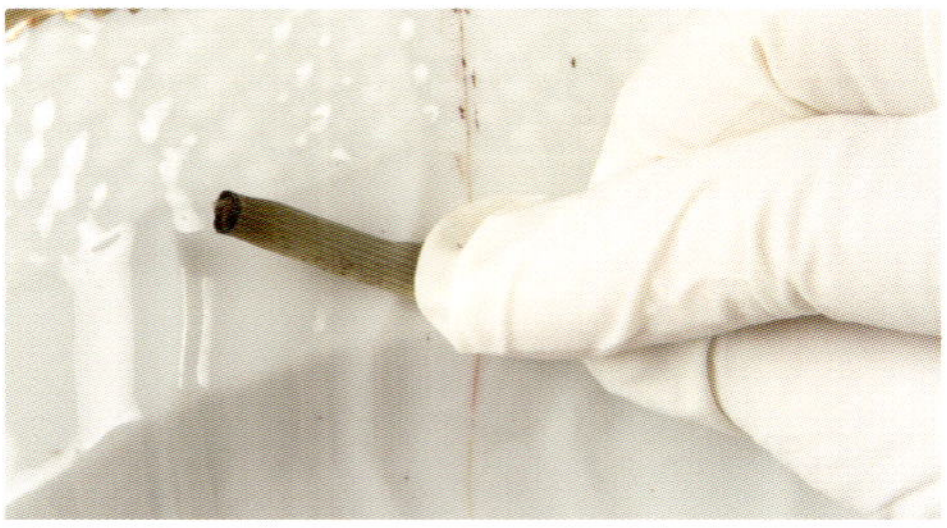

**7** 絵漆がはみ出た部分をカッターで削り落とす。水に浸してやわらかくしたトクサで磨き、表面を平滑にする。中性洗剤とメラミンスポンジでしっかり洗浄し、作業中の付着物（油脂分、漆の粉など）を取り除く。その後、自然乾燥する。

**【 point 】**

漆が完全に硬化していないと、削りカス等でかぶれる恐れがあります。削りカスを飛散させないように、水で流しながら作業しましょう。

## 金粉を蒔く

**8** ひびに沿って絵漆を薄く塗る。これが金粉の仕上げ線になるため、丁寧に描くこと。

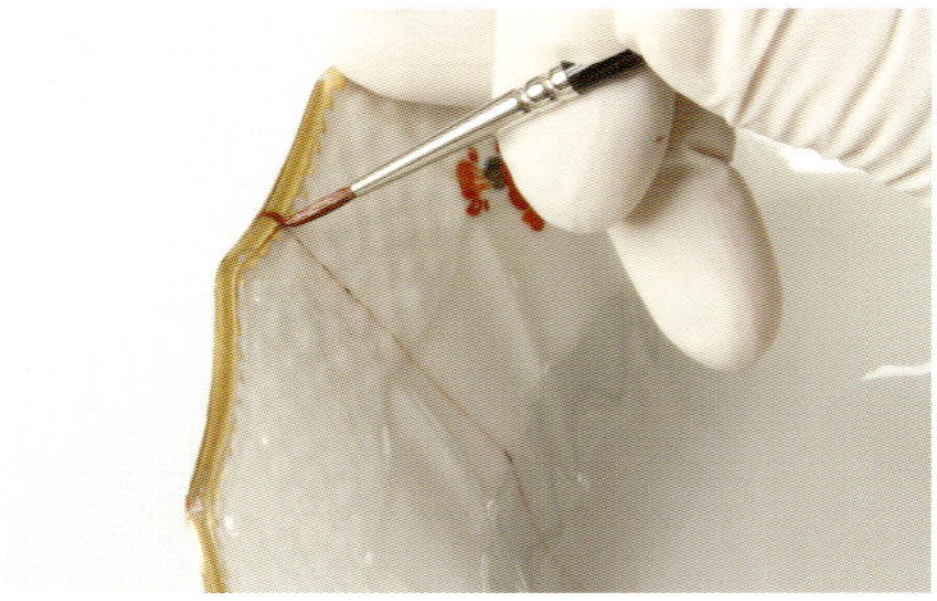

**9** 縁の少し裏側から描き始めて表面の線を描き、最後は自然に細くする。同様に裏側も描く。

**10** 金丸粉を蒔く準備をする。

**11** 蒔筆にたっぷり金粉を含ませ、絵漆に乗せていく。一面に付着した状態のまま室に入れ、一昼夜置く。

**12** 余分な金粉を蒔筆で払う。払った金粉は、再利用可能なので包みに戻してよい。室で1～3日硬化させる。

## 光沢出し

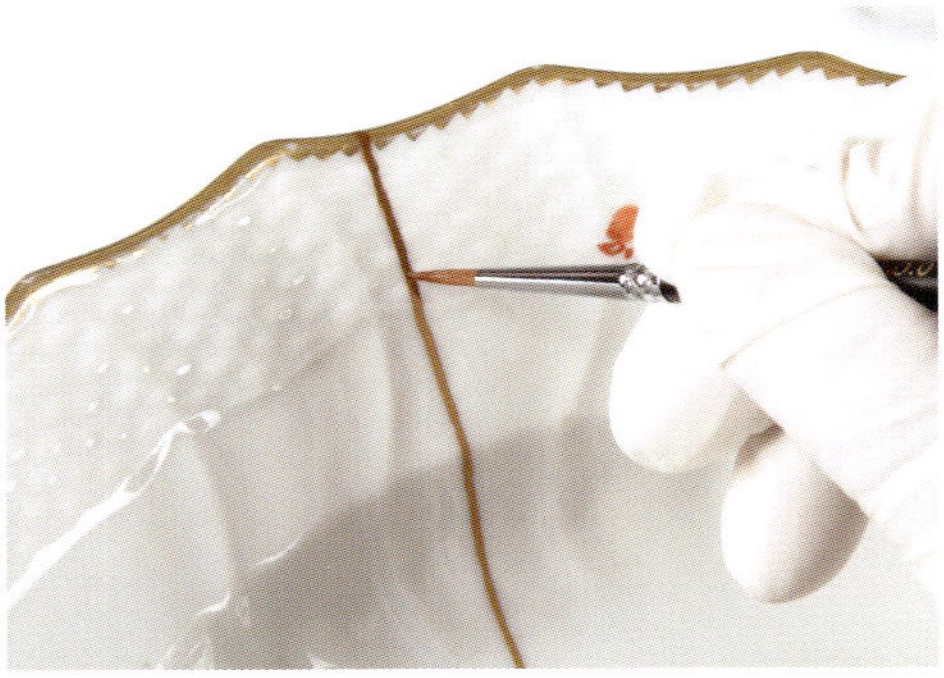

**13** 薄め漆（生漆1：テレピン油1）を用意し、金粉で蒔いた上にしみ込ませる。

**14** 色が付かなくなるまで漆拭き紙で押さえる。室で3日程硬化させる。

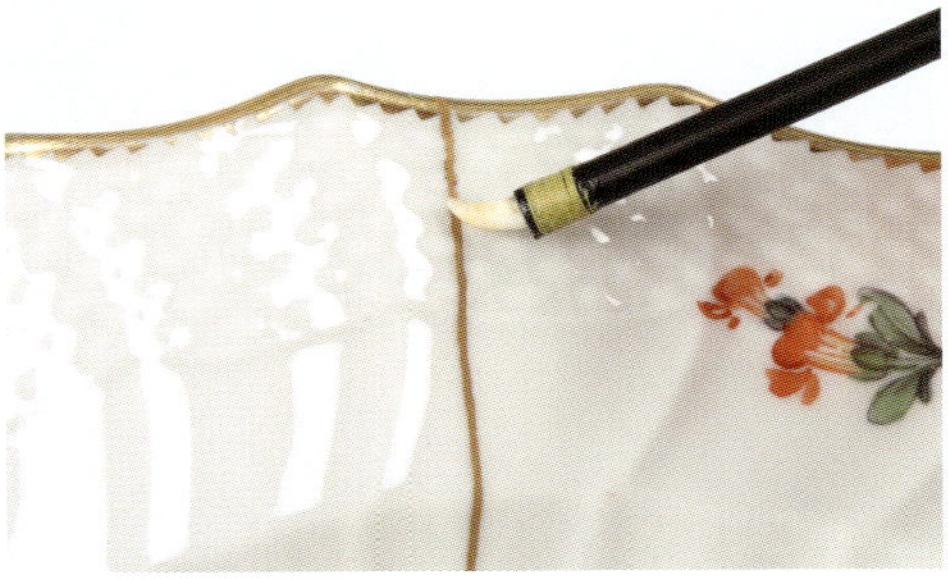

**15** 鯛牙で磨いて光沢を出す。好みによっては角粉で磨き上げてもよい。

**16** 完成。もともと皿にある縁の金彩と仕上げの金粉が合い、違和感なくなじんでいる。

facture 07

# 三島唐津茶碗の割れを繕う

素地に吸水性がある陶器なので、下準備を行います。抹茶茶碗は格に合わせた仕上げをすることが重要で、仕上げに気を使います。

## 手順

- 欠損状態を見極める
- 目止めをする
- 接着する
  - 室：1ヶ月
- 絵漆を塗り重ねる
  - 室：3日ごと
- 銀粉を蒔く
  - 室　銀粉：1〜3日、粉固め：3日
- 光沢出し

DATA
作品データ
［作品名］三島唐津茶碗《みしまからつちゃわん》
［材質］陶器
［サイズ］口径 14.2cm ×高さ 6.8cm
［欠損状態］口縁近くの割れ

## 欠損状態を見極める

1 口縁周りが割れ、３つの破片に分かれた状態。割れから伸びるひびは、認められない。

## 目止めをする

2 米の研ぎ汁に浸し、漆の浸透を防ぐ。

【 point 】

割れから伸びるひびがあった場合は、接着直前にひび止めを行います。＊ひび止めは 24 ページ参照

## 接着する

3 やわらかめに炊いた白飯を１時間くらいかけて練り、米糊を作る。

【 point 】

米糊完成の目安は、ヘラを引いた時に糸を引くようになったところです。

4 少しずつ生漆を加えながら、生漆１：米糊１の割合で糊うるしを作る。

5 混ぜ終えた糊うるしを、美吉野紙で漉す。

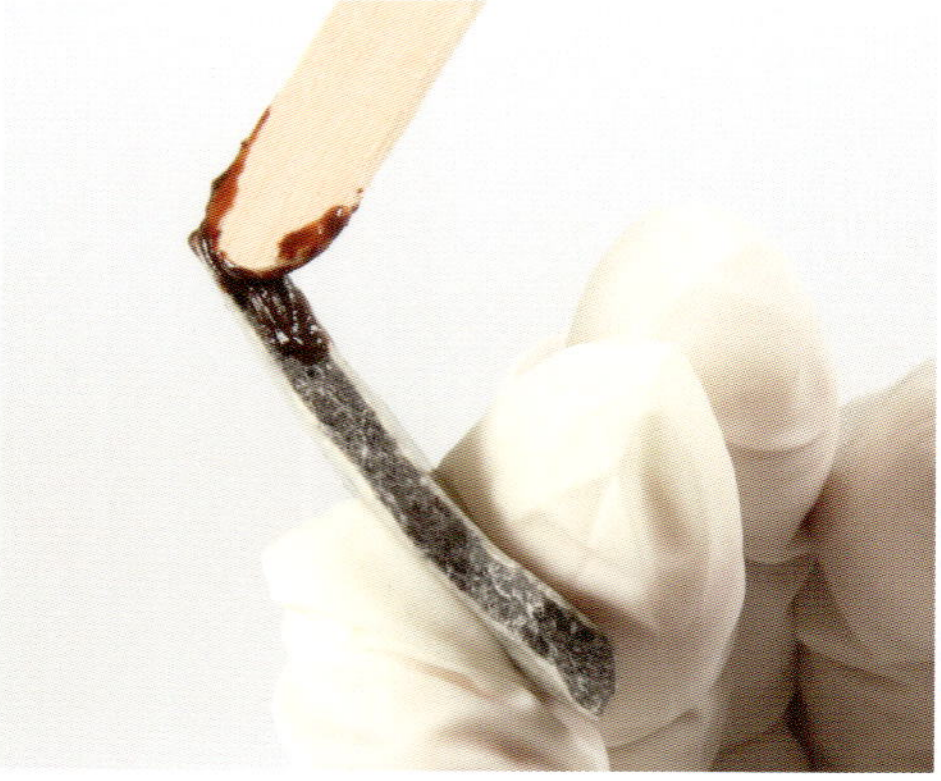

**6** ヘラを用いて断面の両方に糊うるしをたっぷり塗る。

**7** そのまま20～30分置く。破片を器の中に入れておくと、本漆が不用意に広がらなくてよい。

**8** 糊うるしがやや硬化してきたところで接着する。間に入った糊うるしができるだけ少なくなるように破片を押す。形を合わせながら表面に出た糊うるしはヘラ等で除去する。

**9** ラップを使って仮止めする。

10 爪で接合状態を確認する。ズレのないようにぴったり合わせる。室で硬化させながら接着後10日目までは修正可能なので適宜チェックを行う。

**【 point 】**

ズレを補正する際は、ゴム手袋では状態がよくわからないため、器をラップで覆い、その上から手で触って確認します。ラップで覆っているため、かぶれの心配もありません。

11 接着後、室に1ヶ月置いて硬化させる。

## 絵漆を塗り重ねる

12 表面の欠損を室で３日程硬化させながら、凹みがなくなるまで、根気よく絵漆を塗り重ねていく。

13 凹みがなくなったので、絵漆の塗り重ねを終了したところ。

14 水に浸したトクサで表面を磨き、平滑にする。

## 銀粉を蒔く

15 洗浄後、自然乾燥する。その後、接合線の上に絵漆を塗る。塗ったところを触れてしまわないように器の内側から塗るとよい。

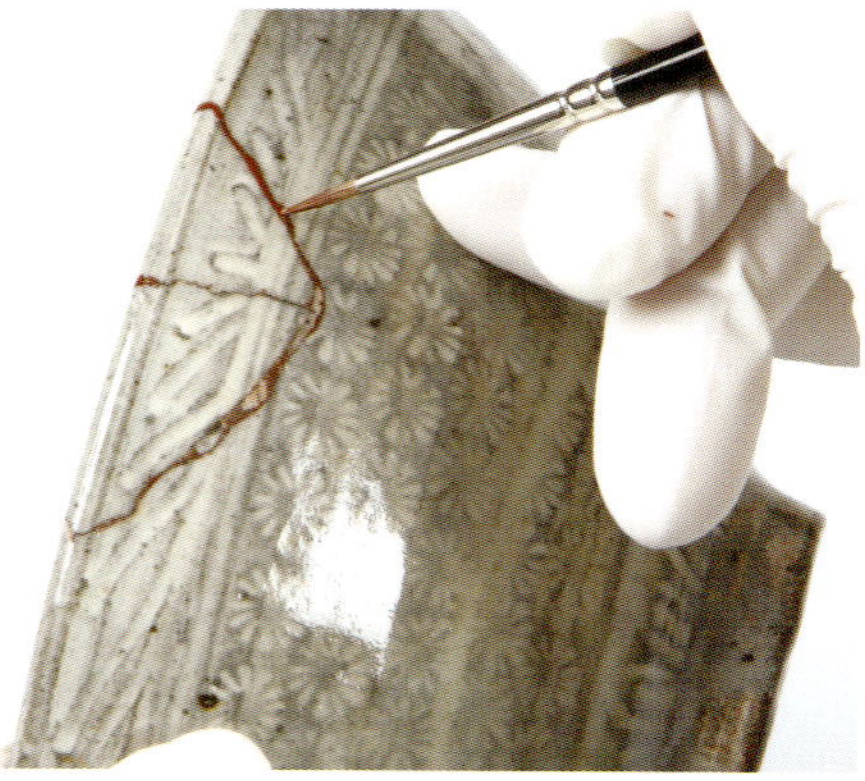

16 続いて器の外側も絵漆を塗る。

17 蒔筆にたっぷり銀粉を含ませ、絵漆の上に乗せていく。一面に付着した状態のまま室に入れ、一昼夜置く。その後、余分な銀粉を蒔筆で払い、室で1～3日程硬化させる。

## 光沢出し

18 薄め漆（生漆1：テレピン油1）を、銀粉を蒔いた上にしみ込ませる。

19 漆拭き紙で色が付かなくなるまで押さえる。その後、室で3日間程度置いて硬化させる。鯛牙で光沢出しを行う。

# 作業前の準備

かぶれ対策として処分しやすいものを使用し、漆に触れる機会を少なくします。

**【作業台の上】**

新聞紙を５～６枚重ねて置く。作業の切れ目ごとに速やかに上から処分していく。

**【道具類】**

作業板は牛乳パック、ペーパーパレット、植物油を入れる箱は豆腐パック、フルーツパック、紙トレーと、処分できるものを使用する。使用済みになり次第、本漆に触れないようにビニール袋に入れる。袋は速やかに封をすること。

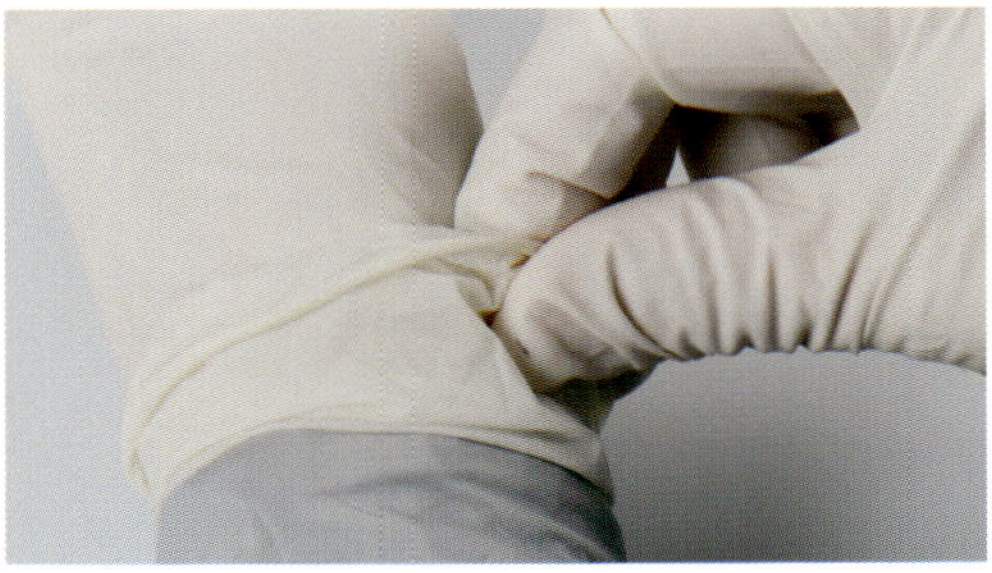

**【ゴム手袋の装着】**

作業前からゴム手袋を二重に装着する。外側の手袋は、少しめくり上げておくと外しやすい。作業中は外側の手袋を頻繁に交換し、すぐにゴミ袋に処分する。内側の手袋を外す際は手首部分をつまみ上げ、肌に触れないようにする。

# 道具の片付け方

本漆は油に混ざると不活性化する性質があります。道具類は植物油に浸してから洗剤で洗浄します。

## ◎筆の洗い方

**1** 筆は使い終わり次第、植物油に20～30分浸けておいた後、油の中ですすぐ。

【point】

穂先を折ると毛が抜ける原因になるので気をつけましょう。

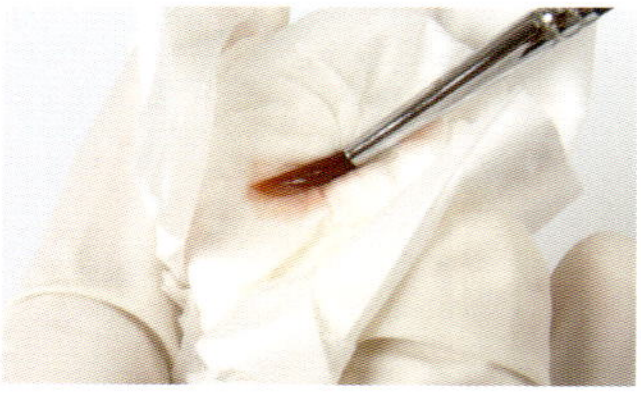

**2** ティッシュペーパーで穂先を拭い、速やかに処分する。

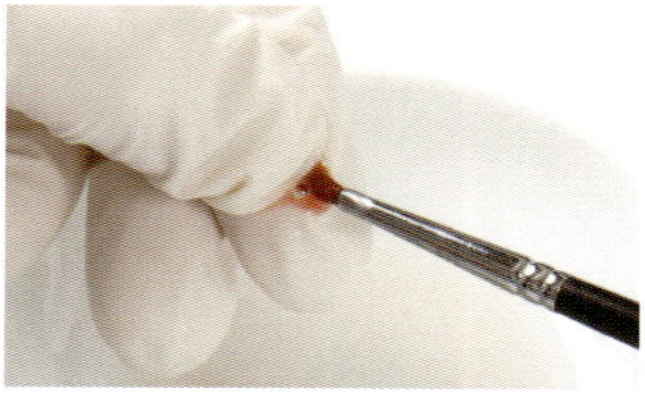

**3** 油分がなくなるまで中性洗剤で洗う。穂先を爪でほぐし、中まで洗剤を浸透させること。

【point】

穂先を折る、あるいは引っ張るなどしないようにしましょう。

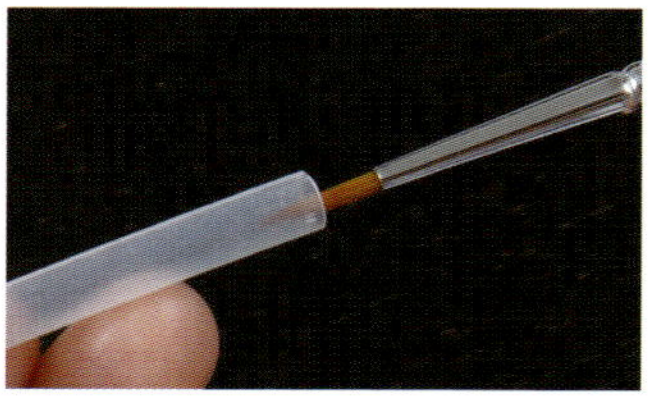

**4** キャップをする時に毛先を折り曲げないように、穂先が濡れているうちにキャップをすること。

## ◎その他の道具

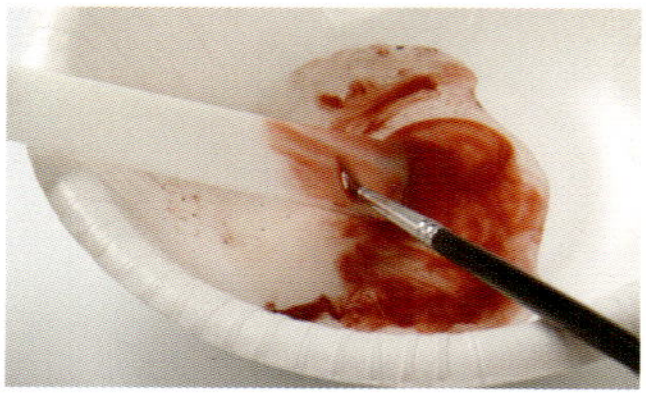

**1** 終了次第、植物油に浸けておき、その後、新しい植物油ですすぐ。

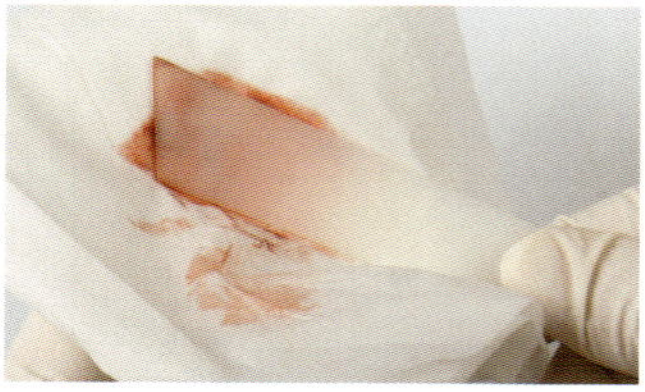

**2** 拭いたティッシュペーパーは、速やかにゴミ袋に処分する。

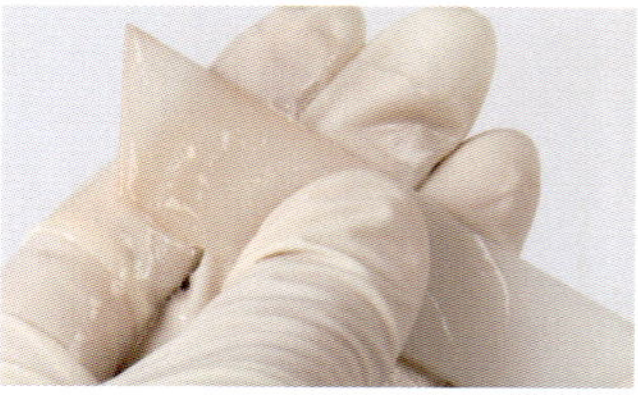

**3** 中性洗剤で洗う。

【point】

植物油とはサラダ油や菜種油、オリーブオイルなど、一般に食用として販売されているものをいいます。天ぷらの使用済み油でもかまいません。

# 第4章

# 応用編

第4章では、「補強」「窯キズ」「呼び継ぎ」「木片継ぎ」「ガラスの修復」など、より深い金繕いを紹介します。

作業の工程は、初心者の方でも取り組みやすいように新うるしを使って解説していますが、本漆でも応用可能です。

幅広い金繕いの世界をご覧ください。

# facture 08
# ティーカップのハンドル補強

カップ類のハンドルの折れは、再使用時の安全性を考えて接着だけでなく、軸に加え竹板で補強します。

**手順**

- 欠損状態を見極める
- 補強する
- 弁柄漆を塗り重ねる
- 削り出し
- 金泥を蒔く
- ツヤ出し

DATA
[作品名] 日本製輸出用ティーカップ
[材質] 磁器
[サイズ]口径9.5×高さ5.2cm　全長12cm(カップからハンドルまで含む)
[欠損状態] ハンドルが折れて2つの破片を確認

## 欠損状態を見極める

1 ハンドルが3カ所で折れている。接続部に軸を入れ、ぴったりと接着する。

## 補強する

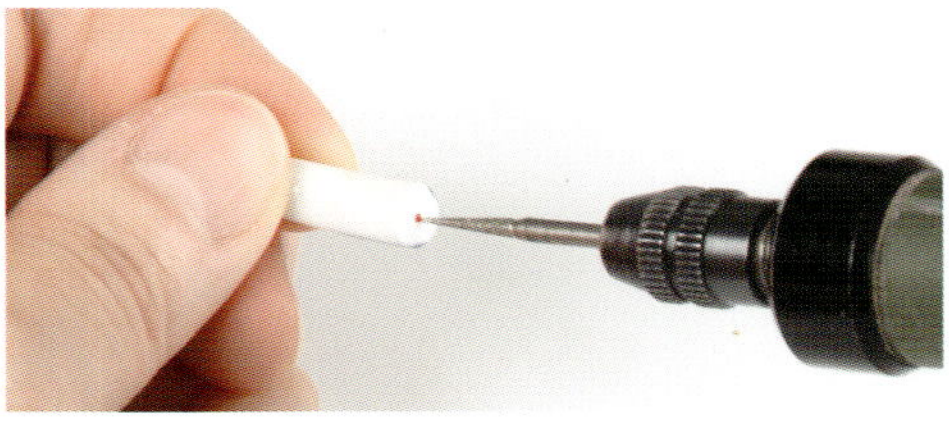

2 ハンドルが折れている断面に穴明けを行う。＊穴あけの手順は81ページ参照

3 竹軸と共に、糊うるしで接着する。＊糊うるしは57ページ参照

4 セロハンテープで仮止めし、爪で確認しながらズレのないように合わせる。接着後10日目までは修正可能なので適宜チェックを行い、約1ヶ月置く。

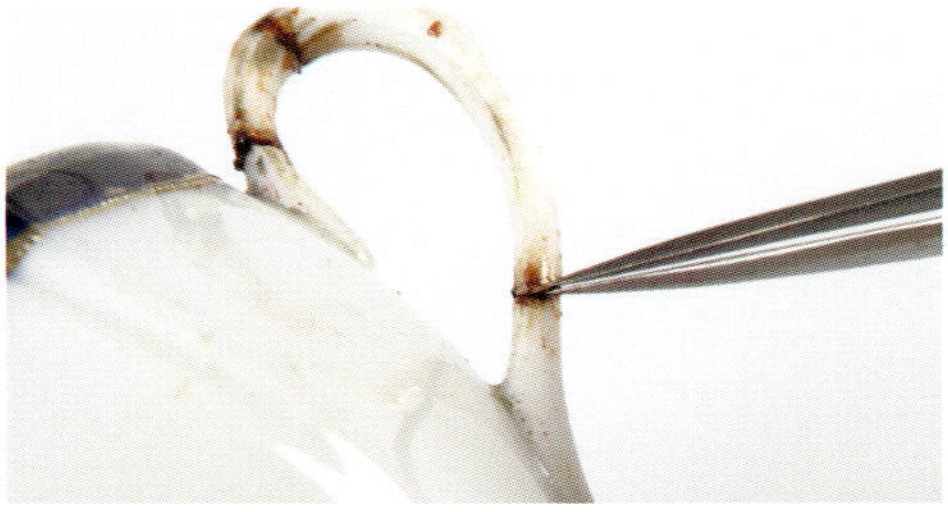

5 はみ出した糊うるしを削り取る。欠損がある部分は弁柄漆を塗り重ねてから木片を埋めて平滑にする。

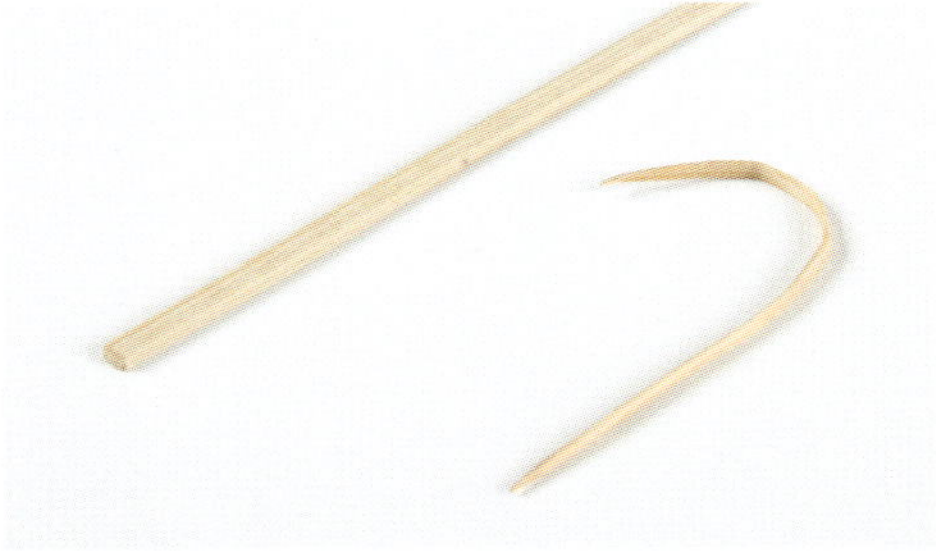

6 竹板をカッターで裂き、厚さ1mm程度にする。火であぶり、ハンドルの形に曲げて加工する。

7 糊うるしの定着をよくするため、竹板を貼る範囲をルーターで荒らす。器の保護のためにビニールテープでマスキングすること。
＊ルーターについては79ページ参照

8

糊うるしで竹板を接着し、ビニールタイで固定する。1ヶ月置く。

## 弁柄漆を塗り重ねる

9

カッターで荒削りする。竹板の角を削って、段差をなくす。

10

弁柄漆を塗り重ねて、さらに段差をなくす。

## 削り出し

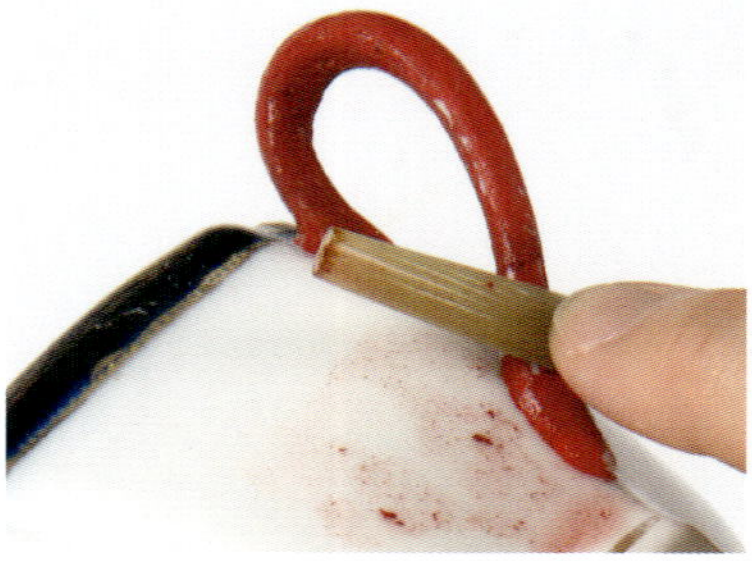

11

トクサ磨きを繰り返して埋める。

## 金泥を蒔く

12

洗浄後、自然乾燥する。補強部分に弁柄漆を塗る。

13

適切な時間を置き、金泥を含ませる。その後、余分な金泥を払う。

## ツヤ出し

14

表面を蒔筆で軽くなでる。約1日置いた後、真綿で磨く。約1週間後から使用可能になる。もともと金彩のカップなので、補強部分に違和感はない。

*facture 09*

# 焼締長方皿の窯キズ補修

窯キズとは焼成中に生じたひびや欠けのこと。破損とは違い「神の成せる技」としてキズがあった跡を賞玩《しょうがん》するように仕上げます。

**手順**

- 欠損状態を見極める
- マスキングする
- 窯キズを埋める
- 弁柄漆を塗り重ねる
- 金泥を蒔く
- ツヤ出し

DATA
[作品名] 焼締長方皿《やきしめちょうほうざら》
[材質] 陶器
[サイズ] 縦 12.7 ×横 35.7 ×高さ 3.3cm
[欠損状態] 長さ 11cm の窯キズ

## 欠損状態を見極める

1 裏面まで素地が裂けた窯キズ。表面の角が丸くなっているのを生かして、少し深めに仕上げる。

## マスキングする

2 ひび止めの本透明漆が不用に付かないように、窯キズ周辺にでんぷん糊を塗る。
＊マスキングは26ページ参照

## 窯キズを埋める

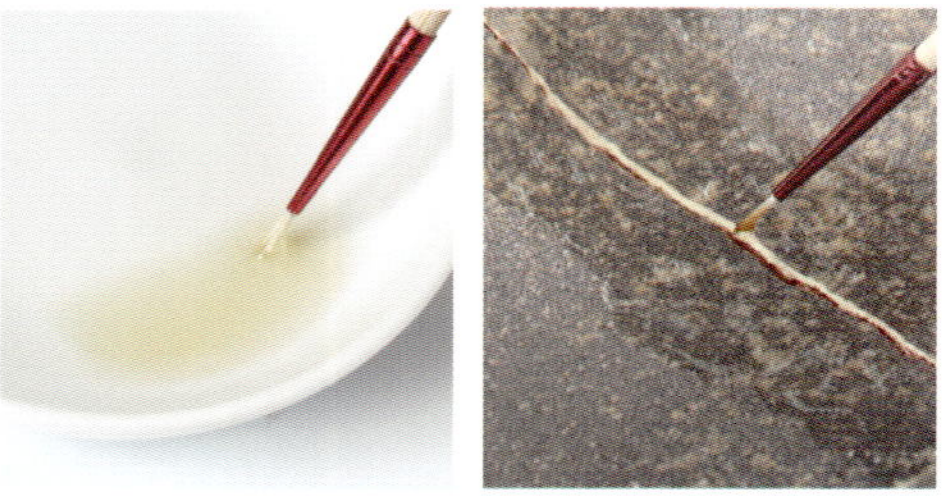

3 絵皿に本透明漆と薄め液を少量ずつ出し、混合液を作る。漆筆で全体をよく混ぜ合わせる。混合液を徐々に濃くしながら、窯キズにしみ込ませていく。

4 毎回皿を叩く、あるいは振るなどして混合液の浸透を促す。7～10日、ゆっくり乾燥させる。
＊ひび止めは35ページ参照

5 キズ内に弁柄漆を塗り重ね、桐粉に弁柄漆を少量ずつ混ぜ合わせながら、クッキー生地程度の硬さを目安に練り合わせる。

6 練り上がったものを窯キズに詰める。最後に表面を軽く叩いて空気を抜く。

7 1ヶ月乾燥させる。詰めた桐粉がかなり目減りする。

## 弁柄漆《べんがらうるし》を塗り重ねる

8 桐粉がはみ出した部分をカッターで削り落とす。削った断面が生乾きの場合は1週間乾燥させる。

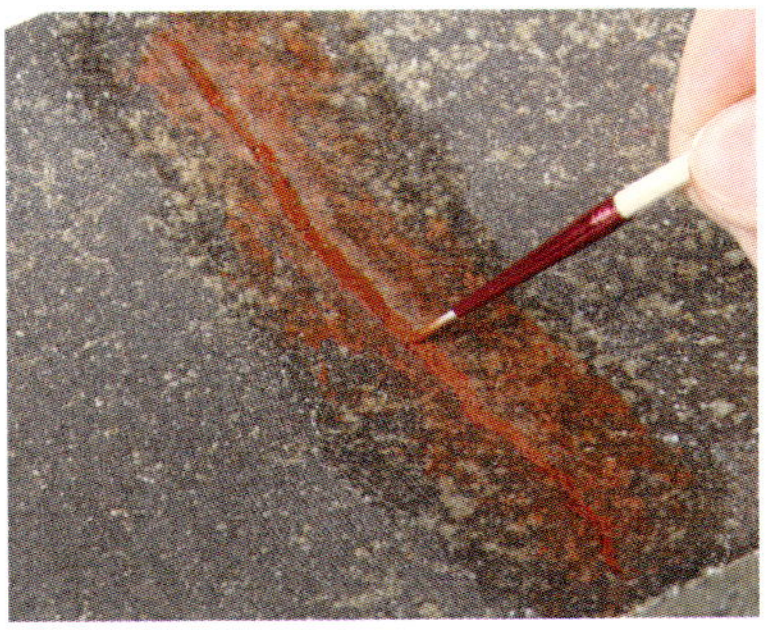

9 弁柄漆を1週間に1回薄く塗り重ねて、表面を滑らかにする。

10 トクサで表面を磨いてから中性洗剤とメラミンスポンジでしっかり洗浄し、作業中の付着物（油脂分・漆の粉・マスキングの糊）を取り除く。その後、自然乾燥させる。

## 金泥《きんでい》を蒔く

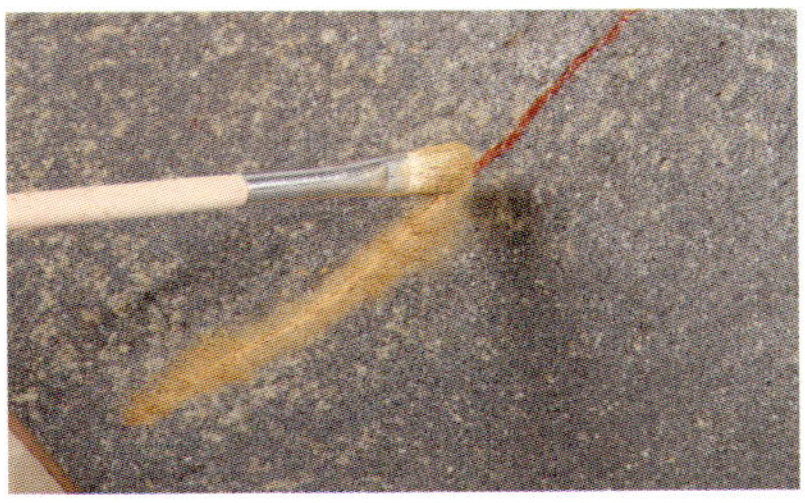

11 補修した部分に弁柄漆を塗り、金泥を含ませる。その後、余分な金泥を払う。

## ツヤ出し

12 表面を蒔筆でなでる。約1日置いた後、真綿で磨く。約1週間後から使用可能になる。

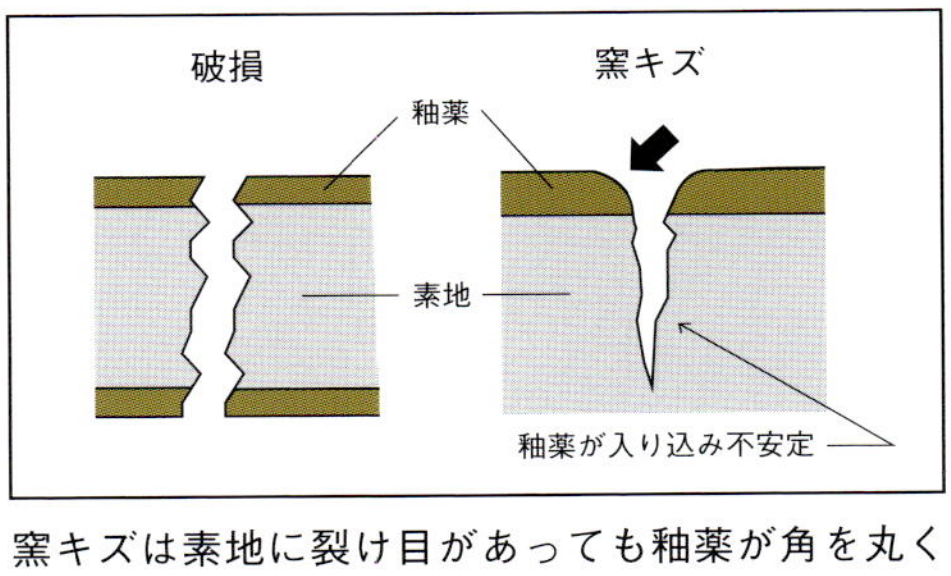


窯キズは素地に裂け目があっても釉薬が角を丸く覆っている構造なので、キズ口を見せるように修復します。

facture 10

# 徳利の木片継ぎ

器が大きく欠損している場合、木片を使って再現します。接合部の合わせ方は急須の注ぎ口の他、皿・鉢でも応用が可能です。

DATA
[作品名] 神酒徳利《みきどっくり》
[材質] 磁器
[サイズ] 胴径 6.5 ×高さ 15.5cm
[欠損状態] 頸部破損

**手順**

- 欠損状態を見極める
- 木片で形作る
- 欠損を埋める
- 弁柄漆を塗り重ねる
- 金泥を蒔く
- 銀箔で柄を起こす

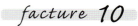

## 欠損状態を見極める

**1** 頸部が破損している。徳利として再使用できるように貫通孔も再現する。

## 木片で形作る

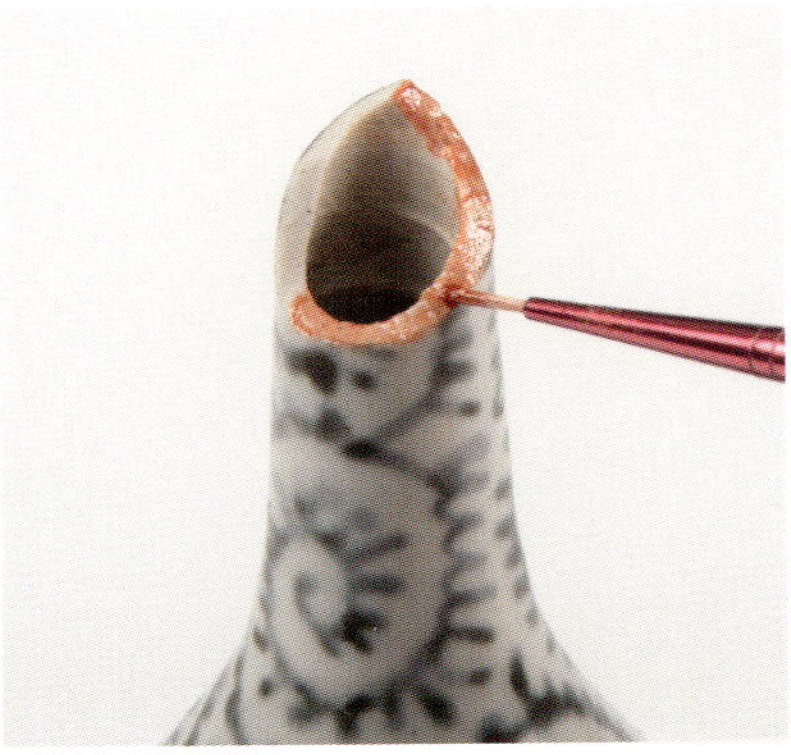

**2** 木片の密着度を高めるため、頸部の断面に弁柄漆を塗り重ねる。

**3** 欠損部を再現するのに、十分な大きさの木片を用意する。

**4** 断面に弁柄漆を塗る。塗り口に木片を押し当てる。

**5** 弁柄漆がついた部分をカッターで削る。木片を当てた部分に弁柄漆が断面の形通りにつくまで４～５を繰り返す。中心部には細い孔のみをキリで貫通させておく。

6 糊うるしで木片を接着する。
＊糊うるしは 57 ページ参照

7 木片をセロハンテープで固定し、1ヶ月そのまま置く。

## 欠損を埋める

8 カッターで頸部の形に荒削りする。

9 足りない部分に小木片を弁柄漆で接着し、2週間後カッターで削る。

10 キリであけておいた中心部の孔を、金属ヤスリで広げる。

11 ビニールテープでマスキングをした上で、紙ヤスリで形を整える。

## 弁柄漆《べんがらうるし》を塗り重ねる

**12**
孔の部分も含めて弁柄漆を塗り重ねる。

**13**
トクサで磨き、表面を滑らかにする。

## 金泥《きんでい》を蒔く

**14**
洗浄後、自然乾燥する。孔内部を含め木片部分に弁柄漆を塗る。

**15**
適切な時間を置き、金泥を含ませる。その後、余分な金泥を払う。

**16**
表面を蒔筆でなでる。約1日置いた後、真綿で磨く。

## 銀箔で柄を起こす

**17**
金泥で仕上げた上から、弁柄漆で蛸唐草の紋様を描き、銀箔を乗せる。銀箔が硫化すると、本体の染付け柄となじむ。

*facture 11*

# 小皿の呼び継ぎ

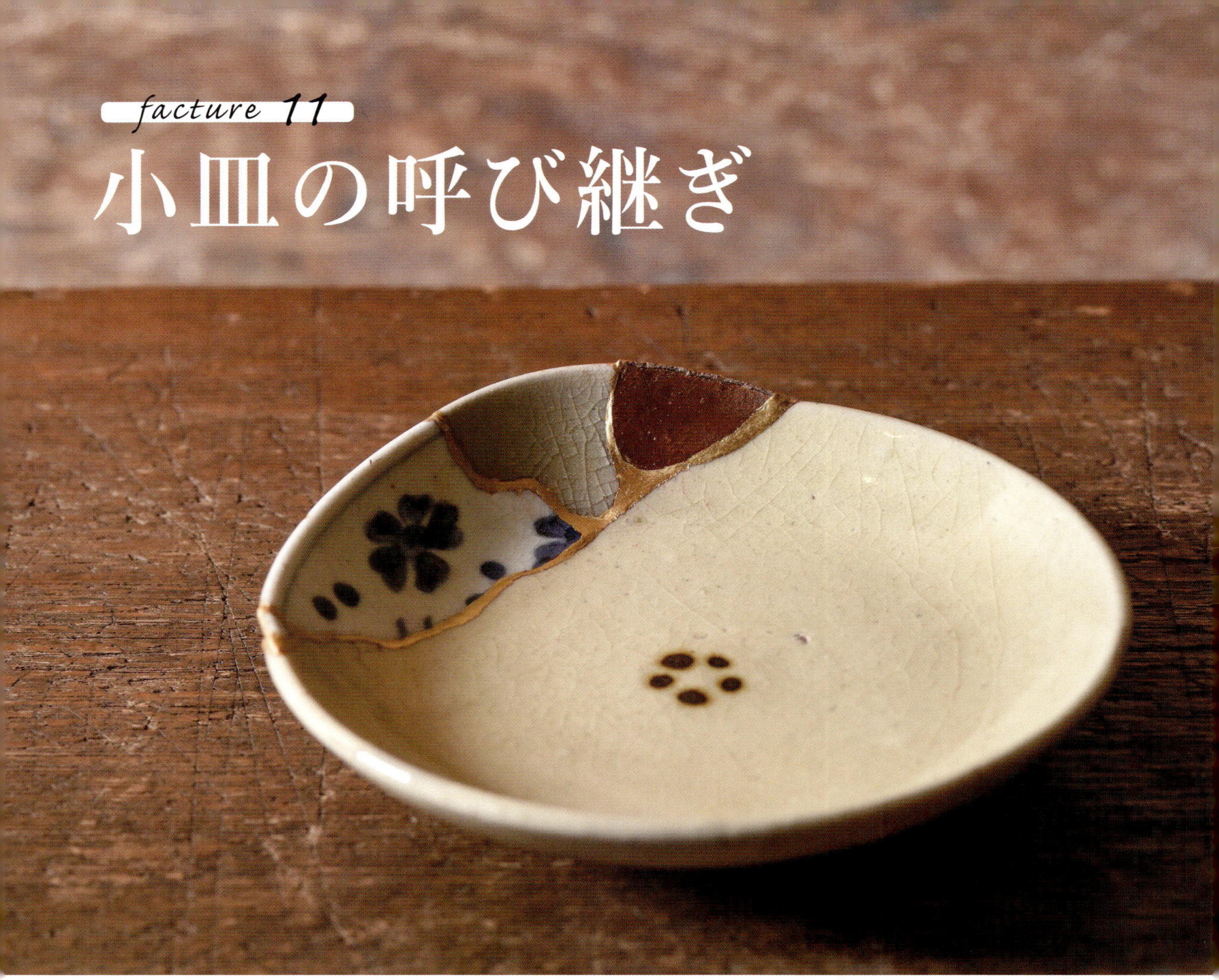

器の欠けや割れた部分を本体とは別の陶磁器の破片を使って継ぐ、日本人独特の美意識から生まれた技術で、金繕いならではの奥義です。

**手 順**

- 欠損状態を見極める
- 接着する
- 欠損を埋める
- 削り出し
- 金泥を蒔く
- ツヤ出し

DATA
［作品名］小皿
［材質］本体:陶器（桃山時代）　破片 a:磁器（江戸時代・瀬戸）　破片 b・c：陶器（江戸時代・瀬戸）
［サイズ］口径 11.7 ×高さ 2.5cm
［欠損状態］４分の１程度の破片を損なう割れ

## 欠損状態を見極める

**1** 破片は形態・厚さ・口縁部などの形が類似していることが要件になる。破片の選別ができあがりの良し悪しの差になるので、できるだけ多くの破片から考慮して選ぶ。

## 接着する

**2** 合わせる破片を選び、ルーターでカットする。本体・破片とも、必要に応じて目止めを行う。
＊目止めは24ページ参照

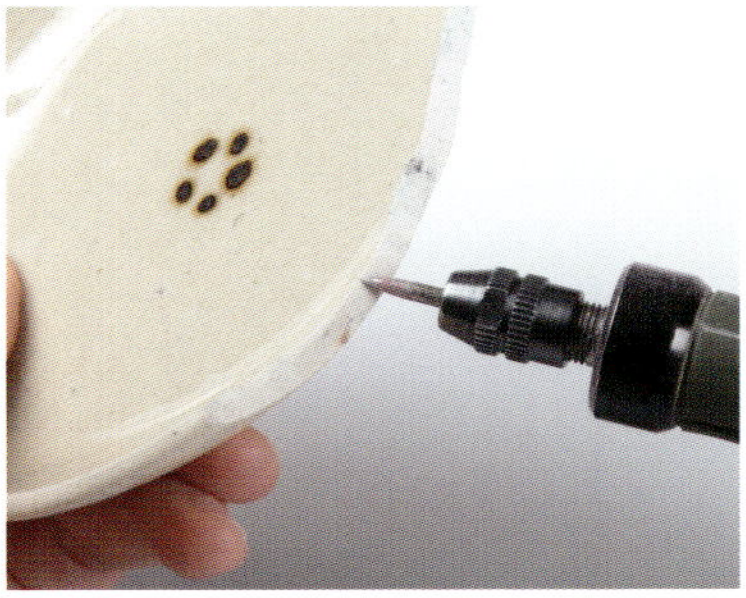

**3** 各破片が合うよう、ルーターで削って微調整する。
＊ルーターは79ページ参照

**4** やわらかく炊いた白飯を約1時間練る。

**5** 本透明漆9：米糊5の割合で手早く混ぜる。混ぜ終えたら美吉野紙で漉す。
＊糊うるしは57ページ参照

**6** 糊うるしをすべての断面に塗り、20～30分置いた後、接着する。セロハンテープで仮止めし、ズレを調整しながら1ヶ月置く。

## 欠損を埋める

7
はみ出した糊うるしをカッターで削る。

8
弁柄漆を欠損部分に3〜5回ほど塗り重ねたら、木片を詰める。

## 削り出し

9
欠損が埋まったら、木片をカッターで荒削りする。

10
弁柄漆を数回塗り重ねる。

11
水に浸したトクサで磨き、表面を滑らかにする。洗浄後、自然乾燥する。

## 金泥《きんでい》を蒔く

12
接合部分に弁柄漆を塗り、金泥を含ませる。その後、余分な金泥を払う。

## ツヤ出し

13
表面を蒔筆でなでる。約1日置いた後、真綿で磨く。約1週間後から使用可能になる。

*facture 12*

# 吹きガラスの割れ

ガラスの修復には陶磁器と違う注意点があります。修復部分が透けて見えることと断面が鋭いこと、新うるしとの相性に留意します。

DATA
［作品名］小樽・北一ガラス　吹きガラス
［材質］ソーダガラス
［サイズ］口径７×高さ 11cm
［欠損状態］口縁部の割れ

**手順**

1. 欠損状態を見極める
2. ひび止め
3. 接着する
4. 欠損を埋める
5. 削り出し
6. 金箔を貼る

## 欠損状態を見極める

1
グラスの口縁下が一周はずれるように割れている。一部にひびが認められる。

## ひび止め

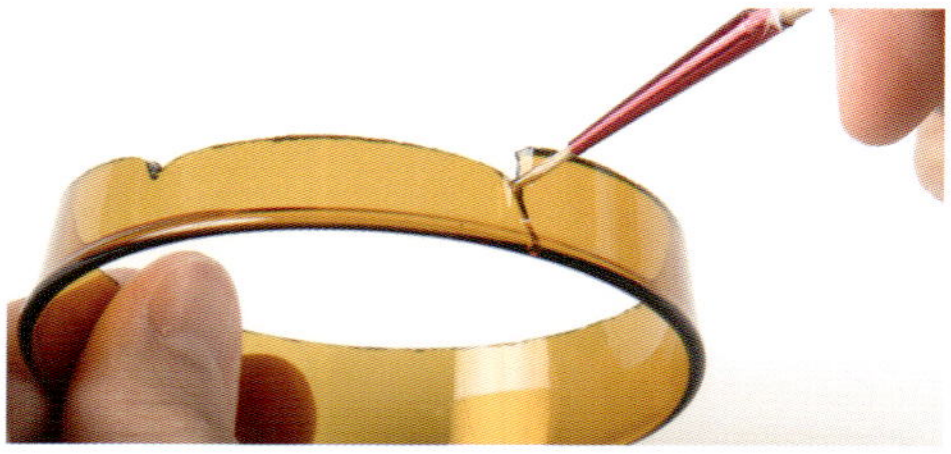

2
絵皿に本透明漆と薄め液を少量ずつ出し、陶磁器より薄めの混合液を作る。混合液を徐々に濃くしながら、ひびにしみ込ませていく。よく振動させて混合液の浸透を促す。7〜10日、ゆっくり乾燥させる。
＊ひび止めは35ページ参照

## 接着する

3
ダイヤモンドビットをつけたルーターで、すべての断面をすりガラスのように荒らす。＊ルーターは79ページ参照

**【 point 】**

接着面の安定感のために、断面の角を落とさないように注意しましょう。

4
接着剤を断面の両方に楊枝を使って塗る。

5
片側に金箔を貼り、ただちに接着する。間に入った接着剤ができるだけ少なくなるように破片と本体を押す。形を合わせながら表面に出た分は手早く削ぎ落とす。セロハンテープで固定し、そのまま1ヶ月置く。

## 欠損を埋める

6
表面が欠損しているところは本透明漆を塗る。

7 金箔の切り廻しを詰める。欠損が埋まるまで２週間おきに繰り返す。

## 削り出し

8 水に浸してやわらかくしたトクサで、表面を平滑にする。

## 金箔を貼る

9 接合した線上に本透明漆を薄く塗り、金箔を貼る。蒔筆でひと通り押さえ、15分ほど置いてから蒔筆で金箔を払い落とす。

【 point 】

金箔は蒔筆で軽く押さえるだけにして、すぐに払い落とさないようにしましょう。

10 1〜2週間後、真綿で磨く。1ヶ月後から使用可能になる。

### 特別に使う道具

◎ルーター
※先端ビットは必ずダイヤモンドを使用

◎接着剤

◎金箔・箔ハサミ

## ガラス修復時の注意事項

**●透ける**

陶磁器と違い、修復箇所が透けてしまいます。
［対策］ あらかじめ断面に金箔を貼ることで回避します。透明ガラスには本漆は使用できません。

**●鋭い断面**

断面に凸凹がある陶磁器と違い、鋭いガラスの断面は接着剤の活着が悪くなります。
［対策］ 断面の表面積を広げるためにルーターですりガラス状に荒らします。

**●漆類が乾きにくい**

ガラス自体の物性や密着度の高さから、漆類は年単位で乾きません。
［対策］ 漆類を使用しない方法で修復します。

**●膨張率**

修復に使用した漆とガラスの温度変化による膨張率が違うので、再破損する可能性があります。
［対策］ 急冷しないなど修復後の温度管理で対処します。

*facture 13*

# シャンパングラスの脚折れ補強

グラスの脚折れは、実用強度を考えて竹軸を入れて接着し、補強します。ガラスの透け対策に適宜金箔を使用します。

**手順**

- 欠損状態を見極める
- 補強する
- 接着する
- 欠損を埋める
- 削り出し
- 金箔を貼る

DATA
［作品名］テレジアンタール　シャンパングラス
［材質］ガラス
［サイズ］口径 10.3 ×高さ 11cm
［欠損状態］脚折れ

## 欠損状態を見極める

1 脚部分が折れている。周囲にひびは認められない。

## 補強する

2 折れた部分の形が合う場所を確認し印をつける。断面の軸を入れる位置に弁柄漆で点を打つ。

3 印通りに上下を合わせ、穴あけの位置に点をつける。

4 印の位置にダイヤモンドビットをつけたルーターで上下に２㎜程度の深さの穴をあける。＊ルーターは79ページ参照

5 ルーターで断面の両方をすりガラスのように荒らす。

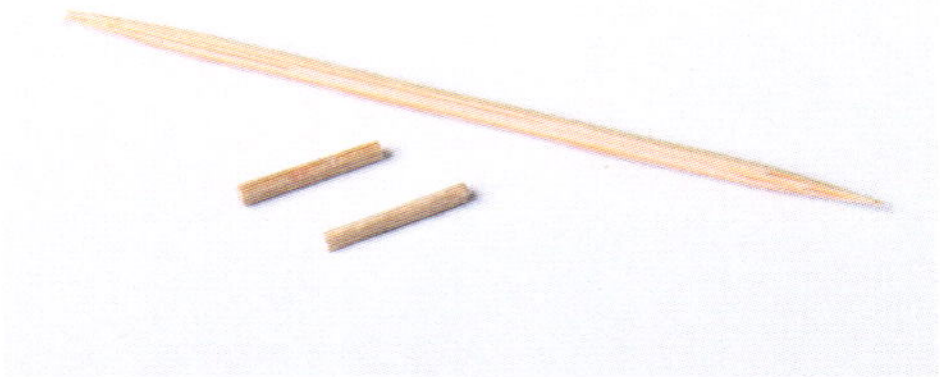

**6** 竹ひご等を加工し、軸を制作する。接合部に納まることを確認すること。

**7** 竹軸に本透明漆を塗り、金箔を貼る。

## 接着する

**8** 断面の両方に接着剤をたっぷり塗り、竹軸を入れる。

**9** 断面の片方に金箔を乗せる。

### 【 point 】

金箔は平滑な状態のままに乗せると独特の光沢を維持し、完成時にきれいに見えます。

**10** 折れた部分を合わせて接着する。間に入った接着剤ができるだけ少なくなるように押し、形を合わせながら表面に出た接着剤を手早く削ぎ落とす。その後、水平になるように割り箸等で支えを作って固定する。そのまま1ヶ月置く。

## 欠損を埋める

11 細かく欠損しているところは本透明漆を塗り、金箔の切り廻しを詰める。欠損の状態によっては数回繰り返す。

## 削り出し

12 水に浸してやわらかくしたトクサで表面を平滑にする。その後、洗浄して自然乾燥する。

## 金箔を貼る

13 欠損した部分に本透明漆を薄く塗る。

14 金箔を貼る。蒔筆でひと通り押さえ、15分ほど置いてから蒔筆で金箔を払い落とす。

**【 point 】**

金箔は蒔筆で軽く押さえるだけにして、すぐに払い落とさないようにしましょう。

15 1~2週間後、真綿で磨く。1ヶ月後から使用可能になる。

*facture 14*

# 貝合わせ

貝合わせは正式名を「貝覆《おお》い」といい、金繕いの応用技術で制作可能です。
金箔の扱い方をここで習得します。

DATA
［作品名］貝合わせ
［材質］ a. ハマグリ貝　b. ヒオウギ貝　c. 皿貝
［サイズ］縦 5.8 ×横 8 ×高さ 3.5cm

**手順**

- 貝を磨く
- 金箔を貼る
- ツヤ出し

## 貝を磨く

**1** 生の貝は煮て中味を取り出した後、水に1ヶ月以上浸す（ハマグリ貝のみ）。市販されている貝殻を入手した場合は、そのまま使用してよい。

**2** 蝶番《ちょうつがい》をカッターで切り、溝の中に残った部分をえぐり出す（すべての貝に共通）。

**3** 表皮を内側からめくり上げる（ハマグリ貝のみ）。

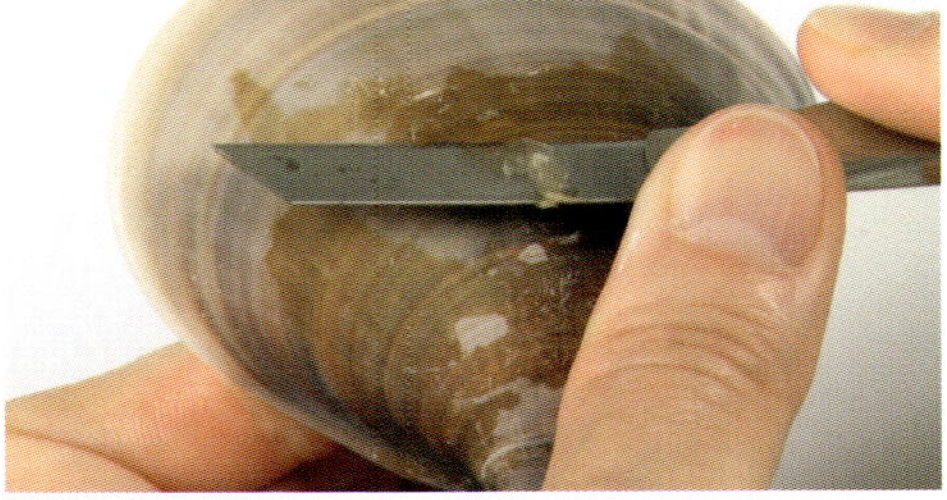

**4** 外側に残った皮は、カッターで削り落とす（ハマグリ貝のみ）。

**5** 水をつけた石けん付きスチールウールたわしで磨き、ツヤを出す。金箔を貼る内側は中性洗剤とメラミンスポンジで洗浄する。その後、自然乾燥させる（すべての貝に共通）。

## 金箔を貼る

**6** 弁柄漆を美吉野紙で漉す。

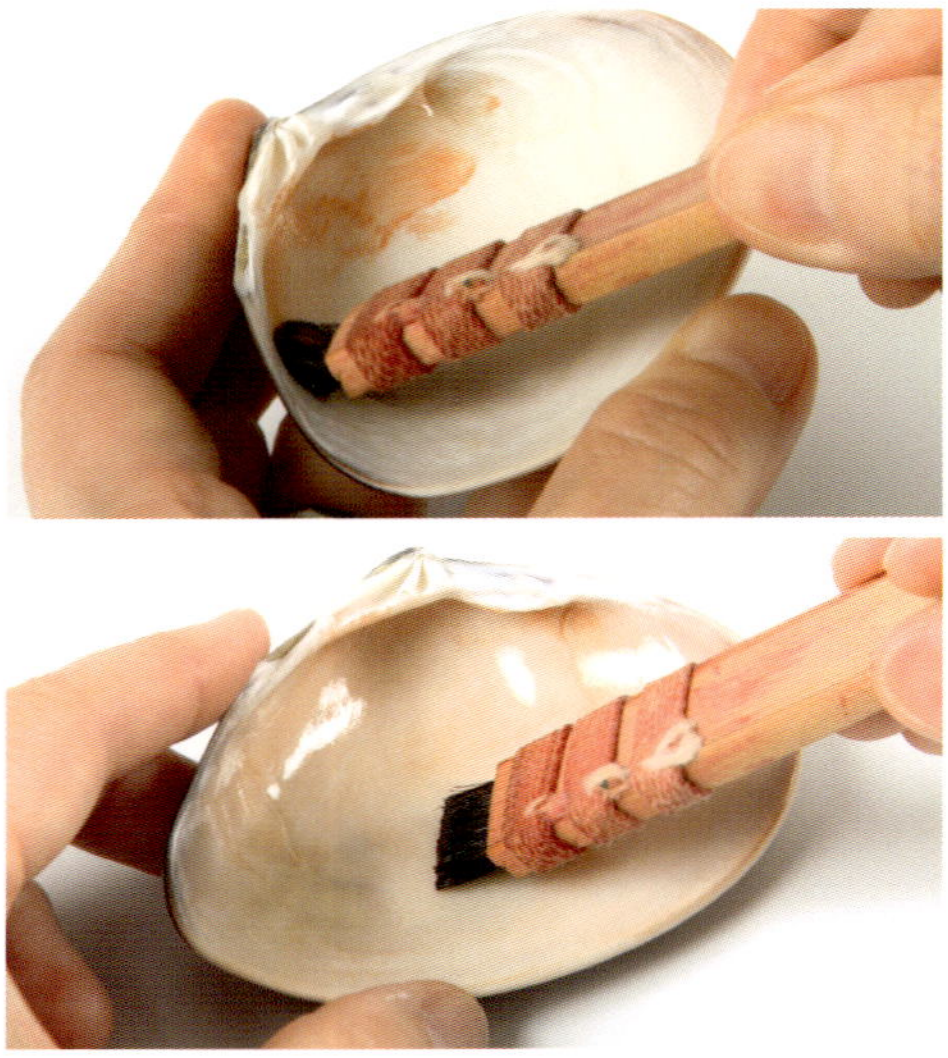

7 蝶番の奥から塗り始める。貝柱跡や縁の凸凹をしっかり塗りながら、手前へと塗り広げる。

**【 point 】**

極めて薄く塗ると金箔の光沢がきれいに出ます。弁柄漆は、20 秒程度で手早く塗りましょう。

8 箔合紙の上に金箔を乗せたまま、貝の真上に持ってくる。箔ハサミで金箔の端を持ち、反対の手で箔合紙を引いて貝の上に金箔を平らに被せる。はじめに貝の縁の金箔を蒔筆で押さえ、貝に定着させる。

9 全体を蒔筆で押さえていく。金箔の破れは気にせずに、足りないところは別の金箔を貼り足す。金箔は蒔筆でやさしく均一に押さえる。

## ツヤ出し

10 約 1 週間乾燥させた後、真綿で磨く。貝の表側に付着した余分な金箔は、カッターとトクサで削り落とす。1 ヶ月乾燥させると水洗いも可能なので、貝香合《かいこうごう》または食器としても使えるようになる。

### 特別に使う道具

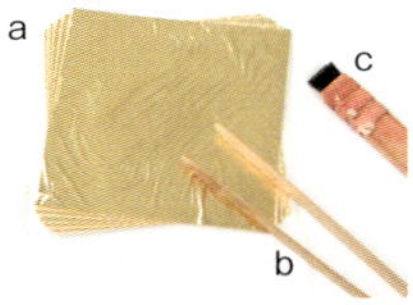


a 金箔
b 箔ハサミ
c 漆刷毛：貝の大きさに合わせて使いやすい大きさを用意します。

### 貝合わせの歴史

遊戯具の一種であった貝合わせ。その発祥時期は明確ではありません。平安時代に対のものしか合わないことから結婚の象徴となり、江戸時代には姫君の嫁入り道具から一般化して流行します。

# 第5章

# 教養編

金継いの歴史や、修復の作業工程ページでは、
説明しきれなかった内容を解説しています。
特にQ＆Aでは、初心者の方から
多く寄せられる質問をまとめています。
金継いをより深く理解するものとして参考にしてください。

# 金繕いの歴史

金繕いは、その注目度に反して、いつ頃始まり、どのように発展してきたのか、あまり知られていません。「漆と日本人」「歴史的背景」「世界の修復技術との比較」など、５つの項目について解説します。

## ◎漆と日本人

英語で「Japan」と言われる漆は、接着剤、充填材としても優れた性質を持つ塗料です。つい50年ほど前までは、漆の木も漆を使う技術も中国から伝来したものだと考えられていました。

しかし近年、日本原産の漆がＤＮＡで確認され、世界最古の漆の遺物が次々日本から発見されることで、それが誤りだとわかっています。９０４５〜９０７５年前にもなる世界最古の漆出土品は、北海道垣ノ島Ｂ遺跡から出土しています。こちらは死者がまとっていた朱塗りの装飾的な衣装で、編まれる前に糸1本1本に漆と思われるものが塗られていました。

また、島根県松江市夫手《それて》遺跡《いせき》から６８００年前の世界最古の漆液の塊が発見されているほか、６５００〜３０００年前の朱塗りが鮮やかなままの木胎漆器《もくたいしっき》は、北海道、福井県、青森県などから発見されています。そして、各地の出土品の調査から、この頃すでに土器を漆で接合するという金繕いの原形が生まれていることが知られています。

その後の日本の漆芸技術が、世界に類のない発展を遂げたことはいうまでもありません。

## ◎金繕いの歴史

金繕いの発祥には、お茶の伝来が深く関わっています。鎌倉時代に喫茶道が中国より伝来した際、お点前《てまえ》に用いられたのは「唐物《からもの》」といわれる中国の青磁や白磁、天目茶碗など、輸入された貴重な陶磁器でした。

当時の日本のやきものは、茶席で用いられるのに適した焼成技術まで達しておらず、中国からの輸入品に頼らざるを得なかったのです。

やがて、茶道具は拝領品となり、ステイタスの証しと化していきますが、破損品も多く、それに伴い修復することが重要となります。そこで長い時間をかけ、日本人が培ってきた漆の技術が茶道具の修復へと応用されていったのです。

### ◎近年までの金繕い

ここ数年で金繕いの知名度は格段に上がりましたが、日本伝統の漆芸《しつげい》の技術の応用であるにも関わらず、その発祥が室町時代まで遡ることは、あまり知られていません。それは金銭的に高価なものしか修復できないという暗黙の了解があり、金繕いを行う職人への依頼ルートが少数の数寄者であったことにも理由があると思われます。

### ◎世界唯一の修復技術「金繕い」

世界的に見ると、破損した陶磁器を修復し、再び使うことができるのは日本の「金繕い」だけです。

陶磁器の製法を伝えた中国には、「かすがい止め」という「コ」の字の形状をした金属針で破損部分を止めるという方法はありますが、破片を止めておく程度で再び使うということを目的としていません。

また、西洋では破損箇所をわからないように復元し、美術品として鑑賞するもので、再び使うことはもちろん、水洗いもできない修復となります。

### ◎金繕い？　金継ぎ？

「金継ぎ」の知名度は上がりましたが、本書では「金繕い」という言葉にこだわって使っています。それは技術が発祥した室町時代以降、「繕い」「漆つくろい」という名称が使われるようになったことから「金繕い」が正式名称であり、金継ぎは金繕いの技術の一部分を指す職人の略式名称だからです。

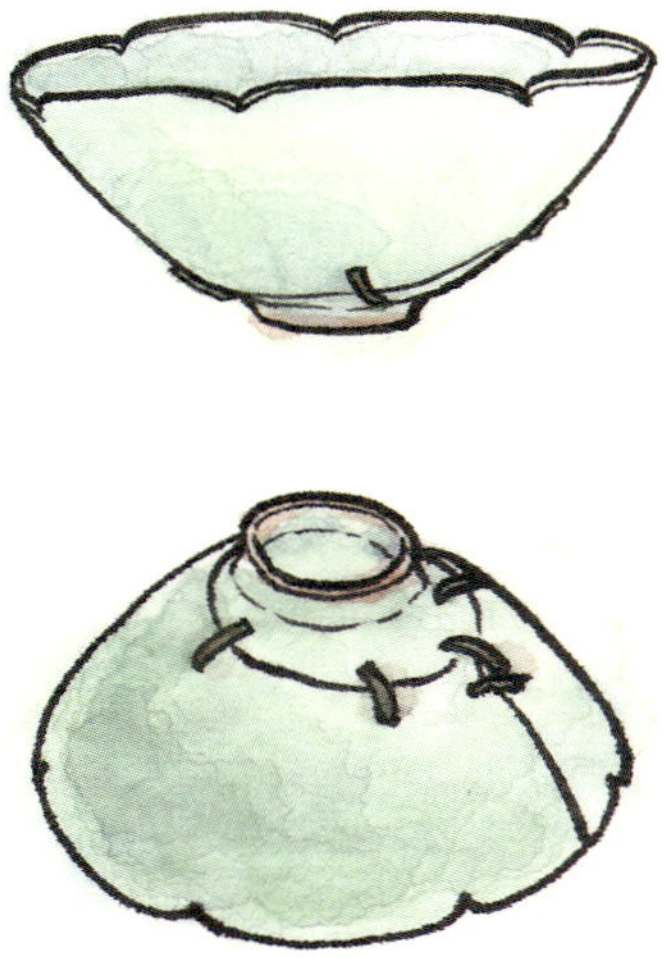

青磁《せいじ》茶碗　銘《めい》馬《ば》蝗絆《こうはん》
（中国・南宋時代）

平重盛の喜捨に対し送られたもの。室町時代に破損し、代替品を求めたところ、かすがいで止めて送り返された。

# 金繕いQ&A

ここでは金繕いの教室に参加している方から、多く寄せられる質問事項を紹介しています。作業工程の中で詳しく説明しきれなかった内容も含んでいますので、ぜひ参考にしてください。

## 道具・素材について

### Q なぜ、紙ヤスリを使わないのですか？

紙ヤスリは硬度9とダイヤモンドの次に硬い素材で作られています。紙ヤスリを使用すれば、漆の削りと同時に確実に陶磁器にキズがつきます。

### Q なぜ、削りの作業にカッターを使っても大丈夫なのですか？

カッターは硬度4.5程度と硬度5～6の陶磁器より若干柔らかいので、器の表面はキズつきません。ただし、釉薬や絵付けの柔らかいものは削れてしまうものもあるので注意しましょう。

### Q トクサとはどのようなものですか？

トクサは「砥草」「木賊」とも書き、シダ植物の一種です。珪酸《けいさん》分を含み、陶磁器より柔らかく漆より硬いので漆部分だけが削れます。

**入手方法**……山で自生しているものが道具として最も強度がありますが、鉢植えが可能なので、自宅で栽培することをお勧めします。その他、乾燥品が市販されています。

**刈り取り時期**……冬期、特に2～3月が最適です。冬の寒さに当たった方が、道具としてよいコンディションになります。

**道具への仕立て方**……1週間ほど天日干しします。色は枯れ色にならなくてもかまいません。

**使い方**……水に20～30分程度、浸してから使います。乾燥したまま使うと粉砕してしまいます。

**再利用**……摩耗していなければ水から引き上げて再乾燥させることで、再利用可能です。

**処分するタイミング**……表面に付着している珪酸が摩耗したら使い終わりです。使い初めの触感との違いや、削り具合で判断します。

### Q 金粉・銀粉には、どんな種類がありますか？

蒔絵に使用する金や銀など、金属を粉末状にしたものを総称して、金粉・銀粉といいます。仕上げの際には、器の格、由来や使われた時代、使用する目的・時・場所等によって使い分けします。

**粒子の違い**……金・銀泥（写経・絵画用に古くから用いられているもので、金・銀箔を微細な粉末状にしたもの）、金・銀丸粉（本漆の蒔絵用に用いられる。扁平になった金属粉を金槌で軽く摩擦し、叩きながら丸みをつけたもの）

**材質の違い**……純金は24金。青金（金18：銀6）は18金。赤金（金18：銅6）。水金（金12：銀12）は12金。以上が代表的なものです。

**その他の金属粉**……白金粉（プラチナ）、いぶし銀（銀を人工的に硫化）、真鍮粉（別名にせ金）、アルミニウム粉（別名にせ銀）などがあります。このうち経年変化を考慮すると金繕いの仕上げに使うものとしてお勧めできるのは、白金といぶし銀です。

**形状の違い**……金・銀箔（金・銀を1万分の1ミリメートル程度の薄さに打ち延ばしたもの。箔独特の光沢、豪華さが得られます。）

それぞれのメーカーによって粒子の大きさ、形に違いがあり、仕上がりに違いが出るので、自分が金繕いしたい作品によって選択されるのがよいでしょう。なお違うメーカー、違う種類のものを混ぜると仕上がりが汚くなるので、混合しないようにします。

### Q 欠け部を埋める木片は、どんな樹種を選べばいいのでしょうか？

木片には次のような条件を満たした材質が適切しています。

①ヤニ、油分がないこと。
②変形しにくいこと。
③重くない、硬くないこと。
④枯れ切っていること。

### Q 貝の入手方法は、どのようにしたらいいですか？

一般的には、食用として市販されているハマグリ貝の貝殻をお勧めします。中味を取り出した後、表面を磨いて使います。ヒオウギ貝と皿貝は食用としても販売されていますが、標本や工芸用に磨かれたものが販売されています。

## 作業について

### Q なぜ仕上げ前の器は洗浄後、自然乾燥させるのですか？

不要な付着物を防ぐためです。布巾などの繊維質で拭うと、毛羽が仕上げ部分に付着します。その他、漆の活着が悪くなる薬品類を避ける意味もあります。

### Q 欠損を埋めるのは、どのくらい塗ればいいのですか？

元の器形に戻すことが原則です。欠損の10㎝以上遠くから目をつぶり、口縁を辿りながら触っても、欠損に気づかない状態が理想です。

### Q 器の形状どおりに削る度合いがわかりません。

手の感触に集中し、器全体の形態を目をつぶって確認してみましょう。客観的に削った状態が把握できます。

### Q なぜ、すべての破片を一度にまとめて接着するのですか？

もともとは一つの器を構成しているため、破片同士が互いを支え合う関係にあります。時間を置いて部分的に組み立てていくと、角度や組み合わせ具合に微妙なズレが生じ、最終的に形が合わなくなります。

### Q なぜ、目止めは生の研ぎ汁に浸すだけなのですか？

破損した器を修復していくので、破損部分に研ぎ汁を浸透させる必要があります。煮てしまうと効果が表面だけに留まり、必要な撥水性が得られません。

### Q 新うるしの仕上げに金泥《きんでい》・銀泥《ぎんでい》を蒔くタイミングがわかりません。

蒔下に塗った弁柄漆の表面が、半乾き状態になったところが蒔き頃です（32～33ページ参照）。弁柄漆の塗り厚や季節で変動してしまうので、明確な時間の規定はできないため、仕上げを繰り返し、経験値で覚えていってください。

### Q なぜ、弁柄漆《べんがらうるし》は薄く塗らなければならないのですか？

弁柄漆を厚塗りすると外側だけが乾固し、内側は生乾きのまま、表面にちりめん皺が生じます。この状態になってしまうと、内側は軟弱のままで使用に耐える強度はありません。

### Q 本漆の硬化の目安はどのくらいですか？

修復工程の各項目に目安の時間は示してありますが、時間を長く置くほど硬化の状態が進みます。本漆の硬化完了は14～17年といわれています。

## アフターケア

### Q 金繕い後の器類は、どのように扱ったらいいのですか？

修復が完了しても破損前の状態に戻ったわけではないため、電子レンジや食器洗い乾燥機、目の荒いスポンジ、タワシなどは使わないようにしましょう。蒔絵の漆器と同じように丁寧に扱ってください。

# 新うるしの安全性について

### ◎ 食品衛生法に準じる検査について

食品衛生法で決められているのは、塗装した器具や容器包装のみであり、塗料に対する同法の規定はありません。しかしながら、塗装をしたテストサンプルによる、専門検査機関による食品衛生法に基づく試験をしております。乾燥した塗料の固形物自体には規格値を超える鉛が検出されるものの、溶出試験では規格値を下回っております。これは、塗料に微量に含まれる鉛も、使用方法を守り、完全乾燥された塗装面の樹脂から溶け出すことは、食品衛生法上無害という判定です。

### ◎ 金繕いの安全性について

上記のように、食品衛生法に基づく試験では、溶出せず無害としても完全乾燥した塗装の固形物自体は鉛を含みます。仮に金繕いで使用方法を誤り、塗装固形物を飲み込んでしまっても、〝部分的修繕〟である金繕いに使用される塗装面積は非常に小さいです。

例えば、１㎠の塗装面の鉛の質量は、計算値で0.03㎎となります。これはミネラルウォータ１ℓ中の鉛の安全基準値である0.05㎎より、小さい値です。元来、屋外の過酷な条件で使用される釣り竿用の塗料である通り、完全乾燥させた新うるしの樹脂の強度は本漆に劣らない強い塗料です。使用方法を守り、安心してご使用ください。

### ◎ 弁柄漆に使用している顔料について

酸化第二鉄という自然素材を100％使用しています。さらに、弁柄漆は食品に添加できる高品質なものを選定することで、安全性への配慮を徹底しています。

**櫻井釣漁株式会社**

# ＊索 引



# ＊業者リスト

櫻井釣漁具株式会社（新うるし）
東京都千代田区鍛冶町 1-8-1 神田サクラビル B1
TEL03-3252-0711
http://www.sakura-rod.co.jp

株式会社佐藤喜代松商店（本漆）
京都市北区平野宮西町 105
TEL075-461-9120
http://www.urusi.co.jp

ウエマツ日本画店（金・銀泥）
東京都渋谷区渋谷 2-20-8
TEL03-3400-5556
http://www.shibuyamiyamasu.jp

播与漆工（本漆）
東京都台東区台東 2-7-12 1Ｆ
TEL03-3834-1521
http://www.urushi.co.jp

株式会社箕輪漆工（本漆）
福井県越前市北坂下町 5-7
TEL0120-43-0055（フリーダイヤル）
http://www.urushiya.jp

東急ハンズ渋谷店（材料・道具全般）
東京都渋谷区宇田川町 12-18
TEL03-5489-5111
http://shibuya.tokyu-hands.co.jp

# あとがき

「壊してしまった大切な器を何とか直したい」。かつて、私もそのように思う一人でした。そして修復を依頼した器が、まるで別のものになって蘇ったのを見て、自分でもできるようになりたいと思ったのが、金繕いを習うきっかけでした。

本書は、その後私が学んできた過程をなぞるように、初心者からある程度の経験がある方まで参考になるように構成しています。読んでくださった方にも同じように金繕いの世界に親しんでいただけたら幸いです。

最後になりましたが、監修の原一菜先生を始め、サポートしてくれた友人、家族、そして本書制作にご尽力いただきました平野編集制作事務所様、出版社の方々に厚く御礼申し上げます。

白鳥由加利

◎著者

**白鳥由加利**（しらとり・ゆかり）

金繕い工芸作家。神奈川県横浜市出身。工芸家・原一菜氏に師事。2006年より一菜会公認教授として金繕いの講師を務める。一菜会公認会員。

金繕い教室『藤那海工房』主宰
http://www.shiratoriyukari.flop.jp

金繕い教室情報
NHK文化センター千葉教室・柏教室、よみうりカルチャー大宮教室、NHK学園市川オープンスクール、港北カルチャーセンター、セブンカルチャークラブ成田教室、JEUGIAカルチャーセンターイオンモール八千代緑が丘、毎日文化センター東京、産経学園ユーカリが丘校

◎監修者

**原一菜**（はら・いちな）

工芸家。東京生まれ。草木染染色・山崎青樹氏に師事。太田流礼法教授・太田鶴舞斎氏に師事。「一菜会」主宰・「蓉柳会」代表・草木会会員。著書『金繕い工房－漆で蘇らせるつくろいの技』（里文出版）。

金繕い教室　東京都世田谷区砧7-13-27



【参考文献】
『うるしの話』 松田権六 著（岩波書店）
『漆芸の伝統技法』 佐々木 英 著（理工学社）
『唐九郎のやきもの教室』 加藤唐九郎 著（新潮社）
『ものと人間の文化史131「漆Ⅰ」』 四柳嘉章 著
（財団法人法政大学出版局）
『やさしく身につく漆のはなし』（社団法人日本漆工協会）
『縄文うるしの世界』 飯塚俊男 編（青木書店）

# 金繕いの本

## 大切なうつわを直したい

2019年10月30日 初版発行

編集人 坂部規明
発行人 内藤 朗
印　刷 凸版印刷株式会社
発行所 株式会社ブティック社
〒102-8620 東京都千代田区平河町1-8-3
https://www.boutique-sha.co.jp
代表 TEL.03-3234-2001
編集部直通 ☎03-3234-2071
販売部直通 ☎03-3234-2081

PRINTED IN JAPAN ISBN:978-4-8347-9023-8

著　者 白鳥由加利
監　修 原 一菜
編集制作 (株)エスプレスメディア出版
撮　影 平野 威、エスプレスメディア出版『陶遊』編集部
撮影協力 自由学園明日館
デザイン 平野編集制作事務所、萩原聡美(ブティック社)



この本は、(株)グラフィス発行の『金繕いの本』を(株)ブティック社より書籍として再発行したものです。